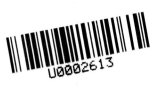

新裝版

任性與優雅

解密法國女人令全世界憧憬的法式魅力

好きなことだけで生きる~
フランス人の後悔しない年齢の重ね方

朵拉・托賽 Dora Tauzin

楊鈺儀——譯

剩下的人生，你打算做不想做的事，浪費時間嗎？

Bonjour! ça va?

我是朵拉．托賽。

突然這麼說很唐突，但若能做喜歡的事、在喜歡的場所被喜歡的人跟喜歡的事物包圍，如此活著，該有多好……。你不這麼認為嗎？

「我當然是這麼認為的啊。」

應該所有人都會這麼回答吧。

但我看過很多人就算這麼說，卻不知道該怎麼做。

因此，我要提個問題。

你真正想做的工作是什麼？

有想要學習、練習的事嗎？
獨處的時間過得充實嗎？
真正想和誰在一起？
是住在理想的地方嗎？
周圍是喜歡的裝飾嗎？
現在想去哪個國家？
今年是否有度過充實的假期？
今天的服裝有你自己的風格嗎？
你喜歡的電影是？喜歡的書是？喜歡的藝術作品是？
你喜歡的一句話是？
你的寶物是？

為了實現想做的事而學習、和值得信賴的工作同仁一起工作、去想去的國家、隨興外出散步、居住的房子裡滿是喜歡的物品、有進行冥想的時間、和朋友一起喝葡萄酒乾杯、悠閒地和家人或戀人一起共度假期。每一件事都很有我的風格，都是

幸福的時刻。

「我和朵拉不一樣。」

「要是活著能只做自己喜歡的事情，那當然很好，但我做不到。」

「因為有家人，所以我不能只追求自己的幸福。」

可是，真的是這樣嗎？

自己的生活方式無法轉變成喜歡的模式，是否都可歸咎於環境？為了生活、為了家人，所以不能做自己想做的事。這點我能理解。可是在忙碌的日子中，難道不能勉強擠出幾分鐘屬於自己的時間嗎？去喜歡的地方，即便只是獨自一人度過極為短暫的時間，都是面對自我的第一步。這比起單純的放棄好太多了。

世界上有很多現在還因為戰爭而不能去上學的孩子，還有很多人被趕出家門、被奪去工作、苦於貧困。法國跟日本，不論是在經濟上還是社會上都很安定、很富裕。你應該要有所自覺，憑著你的想法去做，你是能有所選擇的。

「Impossible n'est pas français.（在我的字典裡沒有不可能三個字）」

這是法國的英雄拿破崙留下的名言。這句話又被譯為「不可能這三個字根本不存在於法文中」，或是「不可能這三個字不是法文」。我也認為就是這樣。

就像每個人的容貌、風格都各有不同，人生同樣各有境遇。唯一平等的就是人生有限，所有人都會死。若臨終之日就在一年後，你會做些什麼事呢？你應該會去想去的國家、挑戰想做的事、去見想見的人、每天都以自己能接受的方式度過吧。你不會有時間去做不想做的事，去見不想見的人。

「要活得沒有遺憾」這是我的信仰。選擇喜歡事物而活，過「任性」的人生——我對自己這樣的生活方式很有自信。因為愛自己而幸福，心中也能多一份從容，還能散發出積極的「氣」，給予周圍的人力量。

「和朵拉在一起，就能變得朝氣有活力。」

若有人這麼跟我說，我會很高興！

你愛自己的人生嗎？

你是獨一無二的存在嗎？就算換工作、周遭的人來來去去，或是生活習慣改變了，你都會一直和自己在一起。既然如此，就愛自己，給自己幸福吧。

雖然你只能是你，但卻能改變自己的想法。

我已經不年輕了，所以做不到？NO！

很在意世人眼光？NO！

自己不可能做到？NO！

你還有時間，但時間不是無限的。請去做、去實現喜歡的事。

拋開拘束，只去做更多喜歡的事不是很好嗎？

就像我告訴你的那樣——。

剩下的人生，你打算浪費時間做不想做的事嗎？

現在開始，請鼓勵自己過任性的人生吧！

Chapitre 2 和喜歡的人在一起

Chapitre 3 去喜歡的地方

Chapitre 4 擁有喜歡的東西

CHAPITRE
1

做喜歡的事

Do something
you like

做什麼工作，比在哪間公司工作還重要

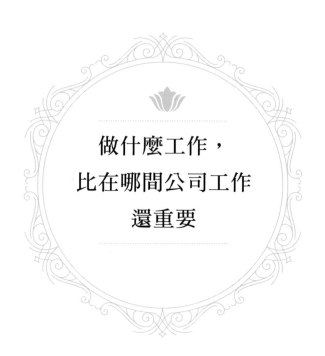

所謂的自己決定

人生中有多條岔路，此時要用自己的意志來決定。這是對自己人生的負責。日本人在決定升學或就職時，可以看得出來，會很強烈地在意名聲、地位。這是為什麼呢？

「你畢業於哪所大學？」

即使這樣開口詢問，但其實根本不在意對方在大學時代想些什麼、學了什麼。日本的社會似乎有這種風氣。

關於工作也是如此。有人會非常在意企業的名稱。對法國人來說，重要的是，做的工作是否是自己想做的？如果進入大企業可以實現你想做的事、發揮所長，那當然是件很棒的事。但是，難道只有在大企業上班，才算人生勝利組嗎？

就算是小企業也沒關係，我就是想做自己想做的事、想創業、想以自由工作者的身分工作、想在國外工作……。

認清楚那是不是最適合自己的才去就職，充滿活力的工作才是最重要的，不是嗎？在法國，尤其是巴黎，比起有錢人，畫家、雕刻家等藝術家更受人尊敬。因此，二十世紀初時，畢卡索（Picasso）以及亨利・馬諦斯（Henri Matisse）等藝術家們才會聚集在巴黎。

我的朋友馬丁（Martine）在法國知名企業擔任行銷人員。該公司的工作條件很舒適，是所有人都羨慕的生活。可是她卻突然辭去工作，參加教師考試，成了國小老師。教師需要學歷與充足的文化修養，當然也是一份好工作。話雖這麼說，但工作條件卻未必很好。即便如此，比起在大企業中舒適的工作條件下工作，她還是選擇了能對人們有所助益的工作。她說，這是她重新審視自我後所得出的結論。現在，她每天都與孩子們接觸，朝氣蓬勃的過著很有自己風格的日子。

我也曾經碰過好幾條岔路。

我曾因為在企業中擔任實習生而前來日本，然後回去巴黎。之後我飛往紐約，在聯合國本部工作。當時有人問我，要不要擔任ＮＨＫ電視節目《法語會話》的講師。我被在日本時期寄宿家庭的家人們所勸動，打了電話去ＮＨＫ，接受了面試。可是他們已經決定了下一位負責人，所以我沒有被錄用。然而就在我忘了曾接受過面試，跑去其他國家工作的時候，卻突然接獲錄取通知。

經過反覆考慮，受日本文化吸引的我得出結論——要在日本工作。一九九二年，我再度來到日本，開始在ＮＨＫ工作，從那時候開始，其他的電視節目也來向我招手。委託的工作是要我以藝人的身分，出演綜藝節目。若是在電視上演出，我的長相跟名字立刻會為人所知，或許對我日後的活動很有幫助。在收入方面也很吸引人。

但是……要演出電視節目，就一定程度來說，就非得要照著劇本來演出自己的腳色。而且節目所需要的也不是「朵拉．托賽」，而是「法國女人」式的評論人。特別是綜藝節目。他們會徵求在日本的外國藝人上節目。

自己說的話居然要讓別人來決定！這是我最不想做的事。

這真讓我左右為難。幾經思考後，我發覺自己最適合自由業。因為我最愛也最重視的就是「自由」。於是我在報章雜誌的連載專欄上寫出自己的所思所想。

最近，我也有去上《KUNIMARU JAPAN》，該節目是現場播出，能直接講出想講的話，所以非常適合我。

重要的是自己的想法。還有別把自己下的決定，怪罪在他人的頭上。

「因為是一流企業。因為條件很好。因為想讓父母安心……」。請多為自己想，別因為社會或是某人的意見來做決定。應該要以活出自我風格為最優先。自己人生的重要決定還要被社會上的聲音或他人意見所左右，等同於放棄了人生。

話雖這麼說，年輕時，對自我的認識不夠，是很難了解目標的。在日本，根深蒂固的殘留有「長子繼承」這類想法。這是我來日本後感到震驚的其中一項。法國沒有像這樣的想法。當然，繼承傳統文化、守護祖業也很重要。若那是你真正想做的事就沒關係。

還有，我希望大家能記得一件事，工作與年齡無關。不論到了幾歲，都可以挑戰想做的工作。

自己決定、自己能接受的人生才是美妙的。

再忙
也要有
獨處的時間

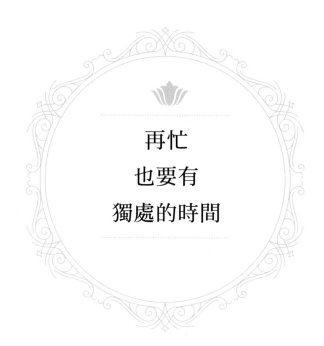

與自己獨處

不只是法國跟日本，我在許多國家工作、享受假期，總是忙碌地飛來飛去。在每個國家我都有許多朋友，很喜歡一大堆人一起度過家庭派對等時間，但只有這樣是不行的。若是沒有獨處的時間，我的身心會失衡。我會煩躁不安，無法保持良好狀態。

不論多忙，我都會騰出獨處的時間。「孤獨」的時間對我來說是不可或缺的。那段時間既能讓我從平時的生活步調中抽離，也是重新審視現今自我的時間。我很喜歡獨處的時刻。我認為，獨處的時間是非常重要且必須的。

「今天一整天都很閒，因為沒有要做的事所以很無聊。」

不要這樣說。沒有安排預定的日子，是面對自我、愛自己最奢侈的時間。請過得有意義些！

我在這種時候會外出散步。以不被任何人打擾的自我步調，一邊不停思考，一邊走在喜歡的街道上。若是在巴黎，我會在聖母院附近的塞納河晃蕩。有時也會去美術館、電影院。在工作忙碌的每一天，我會臨時跑去美術館，沉浸在畫家們畫筆下的世界。我會陷入電影世界中，或大笑或流淚，心情變得如夢似幻。暫時脫離日常生活，去另一個世界旅行、重新振作，大腦也會變清爽。

若是在東京，我會去神樂坂的小徑散步。或是和商店街相識的太太站著聊天，或是去喜歡的店家或餐廳，或是跑去更遠的神社或寺廟參拜，進行一場輕旅行。

我會充分享受放鬆的時間與空間，挺直背脊，坦蕩地走著。獨自一人的時候，發現新街道或是很棒的商店，我會想著下次要和朋友或戀人一起來，這樣就能充飽電，心中也能多一份從容。

在獨處的時間外出散步，總能發現不一樣的新世界。「只是在附近繞圈子什麼的，真無聊」，請不要說這種話，試著走出去，瀏覽一下周圍的景色。隨著季節的更迭，街上的味道會不一樣，盛開的花朵也不一樣。像是櫻花開了、聞到了新綠的香味、繡球花的顏色很漂亮等，即便是一如往常的風景，應該也會有令人意想不到的發現。比如在散步的時候突然浮現對工作的想法，或是不經意間發現週遭的新事物等。我很喜歡像這樣去感受微小的變化。正因為是一個人，才能度過充實的時間。

什麼都能樂在其中的人是很有魅力的，而且或許還能碰到美妙的邂逅。「怎麼可能？」這個怎麼可能也是有可能的喔。邂逅的定義不只是與異性相遇，或許也能預見嶄新的自我。

偶爾我會看到有些人不把行程表填滿就會感到不安，但擁有什麼都不做的時間也是很重要的。

「會不會被人想成是很閒的人？」

「會不會被看做是沒朋友的人？」

停！別去在意周遭的目光。有意義、幸福地度過獨處時間的人才是有魅力的。日本最近這幾年似乎也有享受「一個人」的風潮，這真是件好事。

在「無」中
能看見的東西

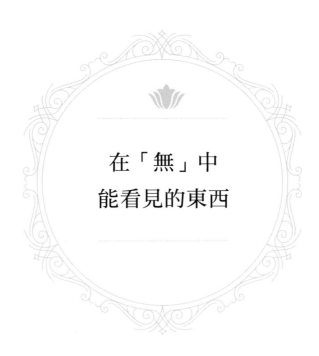

一天一次的放鬆

充電，是「獨處」之所以不可或缺的另一個原因。對成熟女性來說，需要有獨處的時間。別去在意鬧鐘睡到飽；花時間去做忙碌時不太能做的肌膚保養；多花點時間泡個澡。

獨處時間要過得更充實，一定要進行冥想。不需要太過大張旗鼓，可以在家中焚香放空或是做瑜珈。最近我會敲木魚（笑）。那是一位僧人朋友推薦我的，叩叩叩的木魚聲可以安定我的精神。

泡澡時我會點香氛蠟燭放鬆。被如夢似幻的燭光包圍入浴，就像是稍微遠離日常跳入了異空間般的氛圍。長大成人後，每天都有一堆壓力，或是工作忙碌、或是為人際關係所煩惱。泡澡時可以盡量讓大腦放空，天馬行空的自由幻想，找回幸福的心情。一天結束，悠閒地浸泡在浴缸中，這個習慣，是日本文化中最棒的一件事了。只不過，因為日本有地震，最近我都不使用蠟燭。

我會把香氛精油滴入浴缸中，或是放入浴劑享受。就像選香水般，選擇當日喜歡的香氣，也會讓我欣喜不已。浴室裡瀰漫著香氣，我在心情上會變得非常滿足。不論時間多短，我都希望一天中能有一段獨處、凝視自我的時間。並且每天都想要做一件能讓自己開心的事。泡澡就是能一次實現這兩件事的機會。因為泡澡時能被芬芳香氣包圍著，讓大腦放鬆。

要說起自然，我認為日本是對季節轉換最敏感的民族。因為一到櫻花季，新聞每天都會播報櫻花開花的預報，對風雨一喜一憂的。日本人格愛喜歡賞花，秋天則是賞楓。在俳句或是短歌的世界中，也交織進四季的情景。雖然如此，但很遺憾地，東京尤其鮮少有機會能接觸到自然。這真是好可惜，對吧。

凝視自我心中真正的自己，充實內在，磨練內心的美麗。藉由度過這樣的時間，能量就會湧現。若能獲得自然的能量當然是最好的，但在忙碌的每一天中，很難做到。即使是每天就寢前的一點點時間也好，請放空大腦，試著發會兒呆。要想度過充實的每一天，就需要有獨處的時間。

要不要來點
早晨的奢侈
「Grasse matinée」？

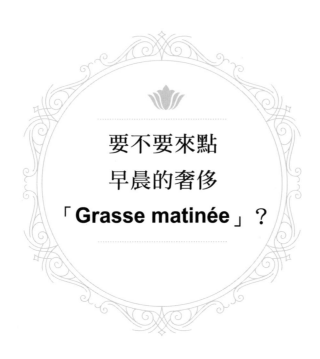

賴床與寢具

我覺得，日本人真的很早起。在歐洲，有著地域性之別，有些地方夏天的日落很晚，相反地，有時冬天早上到了八點還是全黑一片的。雖然也有人因為工作或是興趣等各式各樣的理由早起，但早上五點或六點的時候，依舊讓人覺得還是晚上。

通常夏天的時候，我會回巴黎或是享受旅行，但有一年是在日本度過夏天。一早，伴隨著突如其來的大聲音樂，有道男性的聲音說：「把手臂從前面往上舉～」我想著：「是在拍電影嗎？」而嚇醒。

沒錯，就是收音機體操。對我來說，那時間是我入睡後才經過幾小時而已！

這件事讓我印象非常深刻，之後曾和許多人說起過這件事。讓我驚訝的是，日本的小孩就算是在暑假也會早起。他們似乎是被教養成要和上學時過一樣的生活。在學校似乎也會教導他們「就算在休息中也要守規矩」。

法國則不一樣。難得的放假是賴床的好機會！從平常的生活節奏中解放，是暑假的一大樂事……所以我覺得日本的情況很不可思議。

每個人都有適合自己的步調。我是屬於典型的夜貓子，大腦最清晰敏銳的時間是從晚上的十二點到凌晨兩點。我大腦的運作在這時間是最好的，寫稿進展極佳。相反地，早上直播節目的工作邀約會對我的精神造成負擔，大腦轉不太過來，所以我都會婉拒。雖然一般印象都是過著晨型生活的人比較健康，但我覺得，還是要重視自己身體的步調比較好。

我很喜歡日本的旅館，但會因為早餐的時間很早而感到困擾（笑）。

法國人很重視睡眠，很喜歡在周末賴床，起床了也是閑散度過。這在法文中稱為「la grasse matinée」。意思是早晨的奢侈。grasse 若用英文來說就是 fat。也就是「囤積脂肪」。很有趣吧？

法國人習慣在床上吃牛角麵包跟咖啡歐蕾當早餐，或是讀本書。我也會在床上寫稿。若在日本說起這些事，或許反而會讓人吃驚地想：「這樣反而無法平靜下來吧？」但對法國人來說，坐在床上使用筆記型電腦是非常普遍的。

周末，和戀人一起度過的隔天早上，我會享受賴床。在法國，男性會去買牛角麵包。迷糊睏倦地等著戀人回來也是一種幸福。

話說回來，以前舉辦簽書會的時候，有年輕女性問我：「為什麼法國人在休假時會在床上吃早餐呢？」對方看起來是非常認真的女性，我雖想著「該怎麼回答比較好呢」，但還是微笑地據實以答：「是為了再一次享受性愛喔。」結果該名女性的耳朵紅成了一片。

法國人很重視睡眠，所以對於寢具很講究。包括喜歡的枕頭、床單、毛毯，不僅是睡起來的感覺，還要把房間擺設成會讓人心情好的模樣。

法國和日本的床尺寸不一樣。我在兩個國家都是一個人住，但床都是雙人床。可是前些日子，我去了日本大型知名百貨公司時，發現單人床的床單種類雖很豐富，但雙人床的卻很少，我覺得很遺憾。日本人是不太需要嗎？

我在巴黎房間放的床更大。說起來，在巴黎，單人床是給小孩子用的。前些天我才剛滿十三歲的姪子告訴我，他已經換了大床。

床是能消除我們一天疲勞的地方，既能伸展肢體，更是性生活不可或缺的，所以顏色很重要。「今天的寢具試試看全都統一使用紅紫色吧」、「今天統一用白色的絲綢」「今天想用強烈一點的顏色，所以全用黑色的」像這樣按照心情來變化，很令人開心。

我在床邊的桌子上擺放了許多睡前會讀的書，床簡直成了一個特別的空間。

在日本的電車中，常看到有人會睡得直點頭，那到底是因為累極了？還是睡眠不足呢……。

睡眠是很重要的。那是美容和健康，以及有精神地度過一天的活力泉源，完全是充電的時間。所以請睡個優質好覺吧。

竟然以超商便當
打發午餐時間！

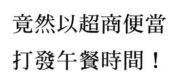

享受午餐時間

午餐時間對上班族來說是很重要的休息時間。既可以轉換心情，吃到美味食物更是人生的喜悅。可是說起日本人，午餐吃超商便當的比率之高還真是令人不敢置信！似乎還有人因為中午沒有吃飯的時間，就光靠營養補充品解決。我聽到這件事，不禁感到難過。因為在法國，大家都很重視且期待午餐時間。

其中原因是……。

1.因為喜歡吃東西，所以盡可能想吃到剛煮好的食物。

2.精神上的關機，為了轉換心情而外出提振精神。

3.和無工作關係的朋友見面、說話，可以為午後的工作充電。

午餐時間大概是一小時。若是在巴黎郊區，還有時間更長的情況。甚至有人在午休時間會回家吃飯，可以慢慢來。

在巴黎工作的人，最常在小酒館或咖啡廳吃午餐。在法國，勞工的福利有兩種。一種是有員工餐廳的公司，另一種則是公司內沒有餐廳，但公司會提供午餐券。

「今天要吃什麼呢？中菜還是日式料理？還是義式料理？」

每天中餐都吃得不一樣，所以是種樂趣。日本的企業雖也有同樣的制度，但似乎能使用餐券的餐廳還很少。若能多增加些就更好了。

最近在法國，便當店變得很受歡迎。但是大家不會外帶回辦公室吃。大家不覺得，坐在公園、或是在街角找個喜歡的長椅，吃起來更美味嗎？

對法國人來說，午餐時間還有另一層意義。大家會和同事結伴外出，邊喝葡萄酒邊開會。在法國，沒有像日本在下班後還有「應酬」。因為法國的上班族在下班後的時間就是私人時間。

日本有許多用銅板就能吃一餐的店鋪。就我來看，我覺得日本的商店街有很多午餐的選擇。為了提升工作效率，請好好享受午餐吧！

能說出
自我意見的
女性最美麗

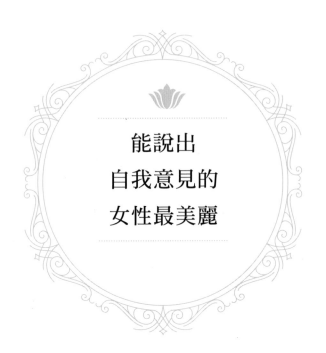

成熟大人的說話

法國人很喜歡說話。比如葡萄酒宴會，最要緊的就是說話。平時聊著無關緊要話題的家庭餐桌，有時會突然搖身一變成為議論場。像這樣的情況是家常便飯。這也是其中一種樂趣。

不論是和朋友還是伴侶在一起，走路時、吃飯時，在計程車上、在咖啡館中……都一直在說話。特別是女性同伴的聊天更是停不下來！這情況不論哪個國家都一樣吧。我和妹妹在一起時也有講不完的話。

在法國，善於說話的人是備受尊敬、讚賞的。家庭跟學校常會教導我們，除了日常生活，關於社會情勢也要能確實有自己的意見。

從小學時起，大家都會很踴躍舉手發表自己的意見。這種時候，如果不能好好說話，就會被老師提醒關注。在人前發表的機會也很多，所以大家會琢磨著如何在同學面前漂亮地說出自己的意見。雖然會踴躍冒出許多反對意見，但從中發展出議論也是一種樂趣。

若是日本，一旦被提出反對意見，或許就會消沉下去，或是提出意見的那方也會有所顧慮，但在法國則不會把這種事放在心上！託學校教育之福，我們才能說出自己的意見。

有一句成語叫「沉默是金」，我覺得在日本人當中，符合這句話、溫順老實的人似乎很多。尤其他們更是不習慣在許多人面前說出自己的意見，或批評他人的意見。

我以前曾在日本大學擔任過講師。所有人都知道那是間優秀的大學，但我就算想和學生們聊聊政治話題，卻沒有學生能確實將自己的意見說出口。倒不如說，他們本來就沒有自己的想法。會率先舉手陳述自己意見的人，大多都是歸國子女*。

*註：以前曾在國外生活、讀書，後來回到日本的人。

還有一些日本學生，明明一對一好好談話時很有趣，但在一大群人面前就不會說出自己的意見。

在法國，這是很難想像的。法國人很關注最近發生的國際情勢問題、國內外政治問題、環境問題等，且樂於發表意見。我們把擁有「思維能力」看得很重要。我們會互相議論，然後立刻問對方：「為什麼你會那麼想？」當然，法國人也是有溫順老實的人。可是在法國，「沉默寡言的人」、「害羞的人」可說不上是什麼好評價。

話雖這麼說，以「和」為尊的日本社會，若總是問「為什麼？」而挑起議論，或許會被想成是不會察言觀色的麻煩人物。可是我們還是應該要確實有自己的意見，並且應該要好好在人前說出口。

法國人不會去分別真心話與場面話。會將自己現在所感受到的、所想到的事直接說出口，不會忍耐。因為過於挑明直白，偶爾也會傷人或受傷，但這是為了能好好了解彼此所必需的。

受傷時就說「剛剛的說法太過分了啦」，只要這麼明確告訴對方就好。相反的，不明確表現自己，只一味模稜兩可、微笑帶過，才是失禮。這樣是無法建立起深厚關係的。說出反對意見，其實是表現自我。我們的目的不是要去攻擊對方。

若自己說出了這樣的意見，對方會怎麼想呢？以這種表現方式來表現，能更好地傳達出去嗎？對方能更理解自己的想法嗎？藉由積極地交互討論，就能加深對彼此的理解。

沒有什麼比無法表現自己的想法更讓人受不了。因為什麼都不說而受人誤解，或是有所顧慮而將不是自己的想法說出口，若是有人這麼想你，你不覺得很委屈嗎？藉由表現自我，能產生真正的友情、師生關係以及伴侶感情。

遇見人時，我會非常想「和對方多說點話」、「想告訴對方自己的想法」，結果一回神，才發現自己竟然已經會說六國語言。因為我不想為了語言不通而心癢難耐。除了朋友以及工作夥伴，尤其是在交男朋友的時候。我想傳達自己極細微的感受，也想確實理解對方所說的話。我一直都懷抱著這樣的心情。

學習新事物
就是保持年經

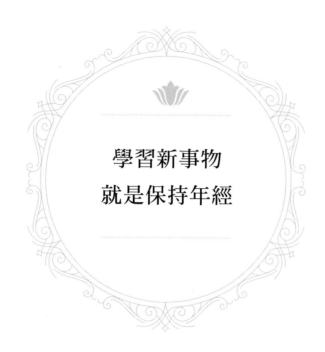

關於人生的學習

一天只有二十四小時，全世界的人都一樣，所以怎麼使用是一門學問。工作時間以及和家人在一起的時間很重要，此外，獨處的時間同樣不能缺少，而且法國人很重視為社會付出貢獻的時間。還有，法國人還想要從事自己有興趣的事以及學習的時間，人生還真是疏忽不得。

法國從二〇〇〇年實施「一週工作三十五小時勞動制」以來，大家就都不用加班了。依照這條法律，法國人對於工作的態度、對於工作與私生活的時間分配有了極大的轉變。最顯著的結果就是，在平日的夜晚，可以把時間分給興趣與學習。

巴黎女人會去運動中心，享受網球、游泳、騎自行車、做瑜珈、跳芭蕾、跳莎莎舞，她們很喜歡運動身體。

有人會去參加繪畫或是語言學習講座，也有人會從事音樂活動。近來園藝跟陶藝講座也很受歡迎。巴黎有武術（格鬥技）以及合氣道的免費課程。順帶一提，巴黎市民講座的品質很好，而且很便宜。

擁有興趣，就是擁有自己的世界。

而且若你能徹底鑽研，就會變得更有趣，也很容易和有相同興趣的人關係變好，交到許多朋友，而且新的邂逅將會摧生下一次的邂逅。本來是完全不同圈子的陌生人，回過神來才發現，自己和對方很合得來，成了能一起旅行的同伴，發生了許多連自己都沒想到的事。

雖然我不是很喜歡現在自己在做的工作，但能在興趣的世界中發揮自我、磨練個性，所以OK能接受。或許，像這樣思維簡單的想法也是行得通的。

我在日本長時間主持「Institut français」以及「ACADEMIE DU VIN」講座。課程從晚上七點開始，聚集而來的人們，有著不同的年齡、職業，大家在講座中認識，一起喝葡萄酒、學習法文，加深了交情。

我身為講師，和學生都保持很好的關係。學生中有比我年輕許多的女性，也有許多是和我父親年齡相仿的男性。不論幾歲，人人都可以學習。

「就算現在開始做也沒什麼用。」

這只是你的藉口。不論幾歲，都可以開始投入興趣與學習。只要有想學習的心，就能保持人生的年輕。與實際年齡無關，是「人生的年輕」。

大家不覺得，「活到老，學到老」，這樣的心態很棒嗎？

前來我講座的所有人，都充滿了「想學些什麼」的上進心，非常有魅力。

我覺得，日本人比法國人更好學。日本人的長處之一就是擅長孜孜不倦地學習。

若是你有想做的事，請務必要擁有學習以及從事興趣的時間！

活在當下
關係的是
未來的幸福

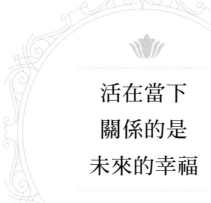

任性界的大王

法國人非常任性……尤其是巴黎女人是以不忍耐而聞名。在法語中，沒有可以對應「忍耐」的詞彙。

對我們來說，這種任性有個更好聽的說法——「自由的生活方式」。法國人的基本概念，一切都和「自由」沾上邊。

我剛到日本之時，寄宿家庭的家人經常會對我說：「要忍耐喔」。比如「習慣日本的生活之前都要忍耐」、「或許今天的飯菜不合胃口，但要忍耐」、「雖然很痛，但要忍耐」等等……。我每次在這時候都會問：「忍耐是什麼意思？」可是就算人家說明給我聽，我還是不懂。總之我就先記住「忍耐」這個新詞彙，但除了「忍耐」，另外還有像是「加油」、「沒辦法」等詞彙在法語中也沒有，所以我不太能理解這些詞彙的概念。

雖然之後我在日本住了下來，但還是不太明白「忍耐」的意義。經過十年的歲月，直到我第一次在日本出書的時候，才終於確實理解。

不過，像這樣在法國跟日本間來來去去，有時我也會想：「法國人也最好稍微能忍耐一下吧。」（笑）。日本公司體制的基本是「和」。在日本，即便是聚集了許多人的地方，流動的空氣也都是平穩的。這要是在法國，隨便一張桌子上就會展開討論，吵得要命！

但是為了尊重「和」而忍耐著不說出自己想說的話，對身體來說很不好。忍耐過頭會變得憂鬱，有礙健康。甚至有人會累積壓力到搞壞胃跟肝臟，我不禁煩躁地想著：「為什麼要忍耐到這種地步？」

為了公司而忍耐討厭的工作，忍耐討厭的主管的職權騷擾與性騷擾。

為了不破壞當下的氣氛而忍耐。

雖然婚姻不順遂、變得性冷感，為了維持家庭生活所以要忍耐。

為了雙親、為了孩子而忍耐。

為了將來，所以現在要忍耐。

忍耐、忍耐、忍耐……！

為什麼非得要這麼忍耐？

若我陷入自己需要忍耐的事態中，會試著與人協調溝通來解決。法國人會明確表示自己的意見。什麼都不說，怎麼讓對方知道自己心中真正在想些什麼呢？

在法國的社會上，若有人覺得「這很奇怪！」就會立刻思考對策並著手行動，所以法國的抗議跟罷工很多。說起法國航空的罷工，那可是名聞遐邇的！（笑）

我不會想著「為了未來而忍耐」。明天……與其這麼說，還不如說人在下個瞬間會怎樣都不知道。我們一定要把現在的這個瞬間活得很充實、不後悔。人一定會死。就這點來說，所有人都是平等的。你為什麼要為了連自己都不知道會變得怎樣的將來而忍耐著現在？

我認為，讓現在過得充實才是重要的。

不要忍耐。不要在當下裝好人，隨便打馬虎眼過去。說出自己想說的話，做自己想做的事。為此，就要明確知道自己現在想做什麼。

日本人太過忍耐了。雖然忍耐不也全都是不好的，但絕對沒有要忍過頭的事。雖然法國人常被說很任性，但這種任性並不會帶給他人困擾。我們只是會說出自己的意見，明確表示自己想做的事。這樣有什麼不好嗎？

想去那個國家、想搬到那條街上去、想去從事那份工作、想見那個人……。有這麼多想做的事，你怎麼還有時間忍耐呢？

依喜好來
決定

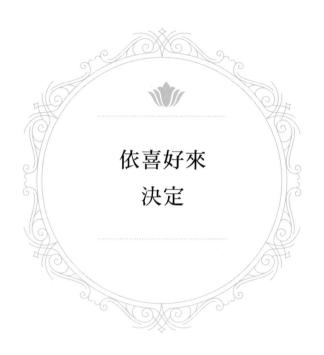

別對自己說謊

誠實面對自己活下去。

這雖然很簡單，卻也很難。要一直保持誠實，就某種意義上來說，就得要有將各種壓力反彈回去的勇氣。

首先，了解自己很重要，這會花上一些時間。年紀愈大，愈是能深刻感受到了解自己、學習各項事物的充實感；並享受醍醐灌頂的了悟、與人生的樂趣。

我所寫的《簡約與優雅：法國女人的生活美學》（世潮出版）這本書中曾提到，若能以正確的心態老去，就能變得愈加成熟、自信滿滿、更為美麗。

「你是否擁有自我風格、是否做著喜歡的事，活在當下呢？」

正因為知道自己的風格，面對老去，才會愈加有魅力。

正因為年齡增長，才會知道什麼是真正對自己重要的人、什麼是適合的東西、以及想做的工作等等。

年輕時無法捨去的堅持，年紀增長後會知道「其實那也不是那麼重要的問題啊」；以前立刻會與人起衝突，現在也變得溫和起來。

你想活出什麼風格的的人生呢？自己是秉持著什麼「主義」活下去的呢？請試著好好凝視自我並思考，自己想活出什麼風格的人生。

若是在安全、安心的生活中，發揮全力活下去就是自己的風格，那就選擇有安定收入的職業。

若不想被組織束縛，想做自由的事，就選擇自由業。

若想像我一樣在全世界旅行，就選擇能夠實現這夢想的工作。

在日本，就學、結婚以及工作的選擇方式，連居住地方也是，比起自己的喜好，似乎更多是傾向以社會觀感或是評價來決定。日本人有很強烈的名校迷思，非常憧憬著所謂的知名的大學或企業。若是自己想進入其中而努力就算了，但很多人只是為了順從社會觀念，甚至有女性還會想著要和高學歷且高收入的男性結婚。

法國人的購物標準，不是看流行品牌、知名品牌。只要是自己喜歡且適合自己的衣服或飾物，就算是沒有牌子的便宜物品，也會穿戴上身。法國人很有自信，能把自己的穿著想成是「覺得自己今天穿得挺不錯的」是很重要的。

只不過，誠實面對自己活下去並非是變得「固執」。反而是要除去固執，重新審視自我。

若你的心莫名地感到鬱鬱寡歡，或許就是因為你不知道自己喜歡些什麼。要能誠實面對自己活下去，就要找出自己喜歡的某些東西。若能得知「喜好」，心靈就會坦率地喜悅，變得誠實。

吃喜歡的食物

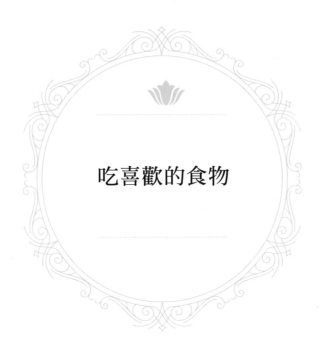

享受運動

洗完澡，從鏡子中看到自己的身材時，我發現，和年輕時相比，有許多地方都多出贅肉，小腹也不像以前平整。

但我很喜歡吃東西。我從沒想過要為了減肥而忍耐不吃自己喜歡的東西。雖然我多少會注意不要在太晚的時候吃東西，但基本上，我很喜歡甜食、肉類跟葡萄酒！

若太執著於減肥，結果卻變成過度勉強自己，那樣無法長久持續下去，而且是消極的行動。比起忍耐著不吃喜歡的東西，還不如選用積極的方式。也就是，活動身體。

做完運動後，身體會分泌腦內啡，身體跟精神上都會變得朝氣十足。

我從青少年時期起就在學習芭蕾，來到日本後也持續在跳芭蕾。當然這一方面是因為對身體很好，在保持美姿上也很有成效。

工作停滯不前，一整天都在面對電腦的時候，我會出門散步，挺直背脊，快步行走。

每年夏天，法國都會舉辦 Le Tournoi de Roland Garros（法國網球公開賽），法國人是很喜歡網球的國民。我父親也是，即便年過八十仍每個星期都會去網球場。

我有一位日本人好朋友也是，他跟我父親差不多年紀。他在四十歲過後的一次健康檢查中，醫生對他說，要瘦些、要運動，因而開始騎起腳踏車。每天，他都會從郊區的自家騎腳踏車到約二十公里外市中心的公司上班。退休後，他仍持續騎腳踏車，現在還會騎自行車賽車跟登山車。

比起只是單純想減肥或是想增加肌肉而前往健身房，若能擁有一項喜歡的運動，就能長久持續下去，也能體會到進步的喜悅。

法國是肉食、葡萄酒還有起司之國！

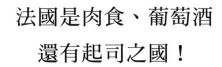

「一吃就胖」的真相

法國人很喜歡吃。法國是個「美食國家」，喜愛包含飲食時間、空間等整個與飲食相關的一切。

法國的人均肉品消費量世界第一，一年的葡萄酒飲用量是日本人的幾十倍。肉食與葡萄酒，看起來似乎對身體不好，但法國人死於心臟病的比例卻很低，一般稱作「法國悖論」（French paradox）*。據推測，這是託紅葡萄酒中所含有的多酚之福。

*註：法國悖論，指一種似乎矛盾的流行病學觀察。亦即，法國人飲食中的飽和脂肪雖相對偏高，其冠狀動脈心臟疾病的發病率卻相對偏低，這和一般認為飽和脂肪是冠狀動脈心臟疾病的危險因子相矛盾。

法國人不分早晚都會喝葡萄酒，葡萄酒的產地很多，像是有波爾多、勃根地、羅亞爾地方等的葡萄酒。慶祝的時候則是喝香檳。香檳是魔法飲料。一喝下去，心情就會變得有些不一樣。我剛來日本那陣子，還沒幾間能喝到好喝法國葡萄酒的店。自從一九九五年，田崎真也先生在世界最優秀侍酒師競賽中獲得優勝，喜愛葡萄酒的人增多，在日本也能喝到好喝的法國葡萄酒。

對法國人來說，麵包跟起司都是不可或缺的。在巴黎街上，糕點鋪多得令人困擾。店家很多，價錢合理，讓巴黎女人根本克制不了！巴黎女人還會咬著巧克力閃電泡芙走在路上。我在巴黎住處的街道上，就有四間糕點鋪，起司店則有三家。

我認為，飲食的份量與贅肉量沒有關係（這也只是我自己的意見）。不論是肥肝還是甜點，我都會不在意發胖地好好享用。享受飲食，處在健康的精神狀態下才比較重要。當然喝葡萄酒也是。

比起對身體有好處、壞處，重視享受飲食、度過美好的時間才是重要的。覺得「好好吃！」的時候，身體就會分泌腦內啡，想像開心事物的時候也是。也就是說，光是想像著吃好吃的食物，身體就會分泌腦內啡，所以在活化大腦、抗老上都很有效。當然，和誰吃也是很重要的喔。

可以說，法國女性是為了享用美味晚餐而自我克制，而不是為了瘦。若預定好要去較為高級的餐廳，我們會裝扮得美美的，中餐會吃得少些，只吃沙拉果腹。為

朵拉推薦的葡萄酒產地

口味複雜，力道強勁

Bordeaux 波爾多

Médoc（梅多克）的六個村莊舉世聞名
集中有分級酒莊（Crus classés），
我尤其喜歡Pauillac、Saint-Estèphe、Saint Julien地方的葡萄酒。

- Saint-Émilion 聖埃米利永
- Pomerol 波默羅
- Graves 格拉芙
- Bordeaux Supérieur 優級波爾多

口味纖細，高雅滑順

Bourgogne 勃根地

- Chablis 夏布利
- Pommard 玻瑪
- Gevrey-Chambertin 哲維瑞香貝丹
- Meursault 梅索
- Beaune 伯恩

辛辣男人味

Côtes du Rhône 隆河谷

- Chateauneuf-du-pape 教皇新堡
- Côte-Rôtie 羅第丘
- Condrieu 恭得里奧

口感清爽

Loire 羅亞爾河谷

- Sancerre 松塞爾
- Chinon 希農

暢快有果香味

Alsace 阿爾薩斯

泡沫魔法

Champagne 香檳酒

了度過絕佳的吃飯時間，女性在化妝、衣服、身體上都一定會有所修飾。

偶爾做鬼臉
大笑

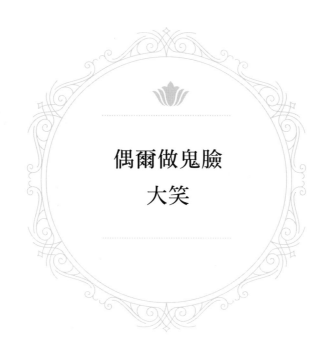

大人的玩樂

你正在玩樂嗎？如果答案是ＮＯ，就多玩些吧！

法國人很喜歡玩樂。但是在法文中，沒有詞彙專門指「大人的玩樂」。法文中對應於英文「Play」的詞語是「jouer」，但那只表示「孩童的遊玩」的意思。不過，法國人很常玩樂。即使長大成人，我們也始終記得自己內在有個小孩。我們會在聽到音樂時突然跳起舞來，或是大家一起唱歌，或是大家一起扮鬼臉，天真無邪地樂在其中。雖然喝酒時會享受男女之間的攻防戰，或因一個視線交會就怦然心動，喧鬧起來，完全就是少男少女。

我回去法國時，曾有人問我：「日本人都一股腦兒的在工作吧？」

但我認為，日本人也挺常玩樂的。上班族們會在居酒屋中開心地喧鬧著。只可惜，他們不喝酒似乎就無法解放自我。

說起日本，似乎只要喝了酒，就能變成「不講虛禮，盡情歡樂」。但是對法國人來說，酒是為了營造開心夜晚的助興品。

我前幾天參加了一個日本的宴會，宴會結束後，久違地去了卡拉ＯＫ。卡拉ＯＫ的好處就是可以忘記年齡、忘記性別，所有人熱鬧歡騰。偶爾呼朋引伴、盡情玩樂，讓自己稍有喘息的時間，從日常的忙碌中脫身而出是非常重要的。

比如，去參加偶像的演唱會；去看支持隊伍的運動賽事，在看台上大聲加油；或是自己組樂團；自己參加運動隊伍等。擁有讓自己能展露如孩童般笑容的時間與場所是非常幸福的一件事。

玩樂不是上班族的專利。

「女子會」在日本很常見，是指只有女性聚在一起吃東西的聚會，現在也有家庭主婦們一起享受午餐的時間的聚會。她們會藉由美味的午餐以及聊天，發洩日常的壓力。

可是我認為，女性應該也可以多享受享受夜間活動。

職業婦女也是。在日本，似乎沒有時間可以讓女性在結束工作後先回家換件衣服……，但或許可以試著稍微改變一下妝容或香水，或是試著戴上較大的飾品，大夥兒一起去夜晚的街頭。這麼做可以忘卻日常，打從心底開心起來。而且若有機會，不僅限於和女性同伴，也可以和男性一起，若可以和各種世代的人聚集在一起外出，就可以試著開拓世界。

對於飲酒會或女子會，只要事先決定好，日本人就能樂在其中。可是，日本卻不善於臨時的玩樂。這點和法國人不一樣。

順著當下的氣氛，熱鬧地吵著「我們現在馬上去海邊吧！」而出發，不也很好嗎？

「我好累了」、「明天還有工作」、「我家人在等我」。別去想這些事，只要試著樂在其中就好。偶爾需要來一趟說走就走的旅行。

即便忙碌……不，正因為忙碌，才要確保玩樂的時間。不要忘了自己心中那天真無邪的孩子！

女性也想要
性愛啊

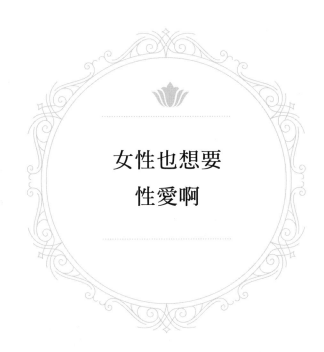

直白說出欲望

美籍歌手葛莉絲・瓊斯（Grace Jones）於訪問中被問道：「星期日都在做些什麼？」結果她回答：「做愛」。這答案多直白啊！可是在休假日和伴侶一直窩在床上度過，可是一件非常幸福的事。

可以被伴侶觸碰、彼此都能感到舒服又幸福、會變得熱情洋溢，也能獲得放鬆。甚至可以說：「還有比這更棒的事嗎？」本來，跟喜歡的人待在一起，本身就會讓人覺得開心不是嗎？

在日本，我曾因光明正大說出這些事而嚇壞人。要女性將情欲宣之於口，應該會很猶疑吧。這幾年，觀念開放許多，女性雜誌中還有性愛特集，但日本在針對性愛上，似乎還是根深蒂固地認為，女性就應該是被動的。

此外還有一件事是，我在和日本女性說話時經常會聽到「我都已經上了年紀」這類說詞。她們常說「我簡直不敢想像在男性面前赤身裸體地給他們看」。可是，絕沒有這回事。我說過好幾次，正因為年齡增長，才有魅力。的確，男性喜歡年輕女性。但那又怎樣呢？

不懂熟女魅力的男人我才不想要呢！

妳依舊是很有魅力的。請擁有自信。

女性喜歡性愛有什麼奇怪嗎？

一般而言，男性會在十五歲過後迎來性慾的高峰，而女性則是在四十歲前後開始增強性慾。

成年女性會想要性愛是很自然的，

應該要直白地告訴伴侶「想做」的心情或是「希望你這麼做」的欲求。

想做時，只要給伴侶一個信號就好。例如說著「嗯——」，噘起嘴索吻，或是試試後背抱等。或者可以事先決定好兩個人的暗號。正因為是你的伴侶，才可以直率地告訴對方。

在別本書中有寫到，法國人一年的做愛次數是日本人的兩倍，但法國是天主教國家，沒有愛情賓館。是不是只有日本才有那麼多愛情賓館呢？明明有這麼多場所，做愛次數卻很少，這多矛盾啊。

不過，法國人正因為做愛次數多，所以交往久了之後自然就會落入俗套。要脫俗，可以在臥室中的燈光照明上下功夫，或是將身上塗滿香精油幫彼此按摩，提高感官上的氣氛。偶爾不在臥房，而是在廚房或浴室相愛也很新鮮。還可以在森林、海洋或自然中……。我很喜歡刺激。不限於夜晚，早上、工作前也可以。為了不在夜晚因疲憊而立刻入睡，我建議可以睡午覺。

我認為，有 L'amant（情人）不是件壞事。有的巴黎女人是只跟情人交往的。要說有哪裡不一樣，就是在法國來說，正式的伴侶會一起去宴會以及餐廳。可是情人卻是非公開的關係，不過是很輕淺的。他們不會干涉彼此的私生活，也不會嫉妒，只會共享當下的快樂。

當然，和伴侶在一起，若身心都能獲得滿足，那最好了。可是卻不一定能這樣。與其苦悶地懷抱著不被滿足的欲求，還不如享受和情人做愛。做為人類的本能，會有想要藉由做愛來感受狂喜的欲求是很理所當然的。

因為有「情人」的存在，能每日都過著充實的生活，那也很美妙，不是嗎？正因為是期望著活得有自我風格又自由的巴黎女人，才更不需要拘泥於形式。自己幸福就好（當然，前提是不要給別人帶來麻煩），而那不是由周遭人來判斷，是要由自己來判斷。

一場愉悅的性愛，就跟飲食一樣，對人類來說都是生活必需。若是能順利融入日常生活中，不論年紀多大都能過著充實的性愛生活，那就太好了。

有所覺悟，承擔自己決定的人生

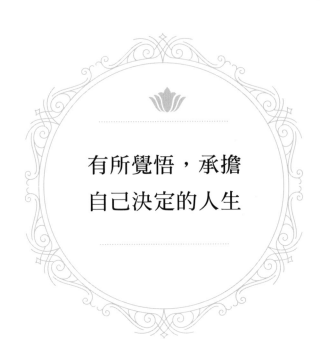

對自己負責

你的人生由誰作主？

你的人生是由你自己作主。我的人生則是我自己決定。我可以斬釘截鐵地這麼說，可是……。

「因為朵拉可以只考慮自己，真好啊。」

經常會有人這麼說我。

但是，「只做喜歡的事」，與「只為自己而活」並不一樣。只為自己而活是利己、自私的。有的會人擺出一副很壞又固執的模樣，做事總是亂來，這不能說是成熟大人的生活方式。

我是既任性又自由的。但，我會確實對自己負責。一旦接下工作，就不會半途而廢，這是很理所當然的。做出所有決定的，都是自己，責任歸屬也在自己。若是失敗了，一切都會回到自己身上。我是這麼想的。

正因如此，我若有無法信服之處，就會與人徹底討論、確實說出自己的意見。

最後的決定是由自己來做，所以我不會怪罪別人。

正因為對自己的人生負責，一路走來，才能挑戰各項事物。重要的是，就算受人批判，仍要對自己的生活風格抱持信心。只要有自我的信念，即便受他人批判，也能貫徹自己的生活方式。

一路走來，都是為了雙親、為了丈夫、為了孩子而犧牲自己。可是將判斷交到別人手上，對自己的人生才是不負責的。自己變幸福之後才能帶給周圍的家人們或工作伙伴們幸福，不是嗎？

我有位男性的日本友人，經常會來往於美國與日本，我問他的行動準則是什麼？他說：「不後悔。」「要是沒做這件事，一定會徒留後悔。」他說，若會這麼想就一定要去實行。

我非常贊成他的意見。人生若淨是留有後悔，就太可惜了。人生只有一次，只要活得像自己、活出自己滿意的人生就好。若是有想做的事，請務必要試著踏出一步！

共享社會，分享自己的房子和車子

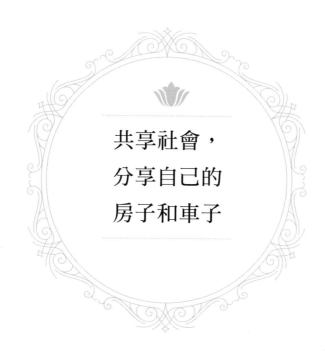

就算沒錢也要做喜歡的事

巴黎女人很會過生活。若想盡可能不花錢而住得舒適，可得絞盡腦汁。例如在跳蚤市場買衣服或家具、進行回收利用、與朋友交換等，享受節約的生活。連出門的妝容，也是在百貨公司賣場完成。若有美容學校在召集剪髮模特兒，就會積極利用。

我在日本時經常會去百元商店。有時會在那裡找到簡單的沐浴產品以及可愛的文具用品，這種時候，我會感覺真是賺到了。

或許有人會認為法國人都把錢全花在假期上，但其實不然。我的假期，很多時候都是在父親位於郊外的別墅中，什麼都不做，悠閒度過。身為法國人，我無法想像沒有假期的日子，在哪裡度假自然也至關重要。每年我們都會花長時間度假，所以考慮到住宿費，買下別墅反而不是那麼奢侈的購物行為。

我今年是和父親、妹妹的家人一同聚集在別墅，烤肉，悠閒地度過。我和妹妹米雷耶的小旅行是在義大利友人家度過的，他在很久之前就曾對我說：「我不在義大利的時候，請務必來使用我在納沃納的公寓。」他的公寓離老市區斯帕坎納波利（Spaccanapoli）很近，地點很好。我很感謝朋友！就算跟日本人說：「來玩喔！」他們也會心存顧慮說：「不好意思。」而拒絕。但既然人家都特地開口邀約了，就試著拜訪一下也可以啊。我是這麼想的。

去國外旅行時，有人很享受使用互相交換房屋居住的制度來度假。還有像是「Couch Surfing」以及「Airbnb」這類服務，讓旅人以及當地人能獲得住宿與交流。因為能徹底使用家中一切，比起旅館房間要舒適多了。

不只是交換房屋，在法國，還有很多共享房屋的例子。巴黎房租很高，學生在金錢上不太充裕、無法負擔高價租金，所以會有與獨居老人共享房子的例子。仲介機關有NPO也有企業，會在事前調查高齡者以及學生各自的情況，詳細確認他們彼此之間是否合得來。利用各種制度以住得便宜，這就是法國人的特色。

車子也是。巴黎在二〇〇七年開始腳踏車的共享服務（Vélib）。二〇一二年起，汽車共享服務「Autolib」也備受關注。能在市內車站上下車，比租車還方便。為了環保，以及自由移動，作為交通工具的選項之一，這服務是由巴黎市所推動、經營。

只在週末用車的人，他們的車在平日都在車庫裡睡覺。既然這樣，還不如將車與平日需要用車的人共享。汽車共享制度就是從這樣的發想中產生出來。收費標準則是以「時間＋行駛距離」來計算。

還有一種稱為「BlaBlaCar」的服務，可以事先聯絡在歐洲諸國移動的當地人，付費搭乘對方的車。所謂的「BlaBlaCar」，意思是「喋喋不休說不停」。法國人經常會思考，該利用什麼樣的制度系統以便宜行事。

日本人有種傾向，開始做任何事時，都要備齊全新的物品。例如若要去爬山，就會去運動商品店，買齊登山背包、衣物、登山鞋以及其他各式各樣的物品。明明是登山的門外漢，準備的物品卻很像樣。

比如滑雪，全身從頭到腳一定是運動品牌的新商品，真的要開始時，卻是上身前傾、屁股後翹，站都站不穩。我的法國友人不太能理解日本人這樣的態度。

一開始從事某件事的時候，有人首先會先從裝扮下手，但在花錢之前，盡可能想想節省的方法、做點功課也不錯。這麼一來，就能更有效地使用預算，對吧？

CHAPITRE 2

和喜歡的人在一起

With someone you love

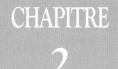

讓人開心
就是要
微笑、微笑、微笑！

能量交換

「Bonjour ça va?」

與人會面時，我一開始都會面帶微笑打招呼。這句話的中文意思就是「你好嗎」。法國人會回答我「Oui ça va!（我很好）」，但日本人會先擺出一副稍感困惑的表情。不過，見面次數增加了，習慣了我的招呼後，就會回報微笑。當下，氣氛會瞬間變得開朗起來。

我認為自己是一個很堅強的人。以法國及日本為主，我一整年會來去於各個國家，而我想將好能量帶給所有遇見的人。所以，若大家都展露笑容，我就會非常高興。沒錯，我非常喜歡讓人開心。

我活得很自由自在，很常勸說周遭的人自在生活，但這絕不是就要大家以自我為中心來生活，我尊重所有人，並以讓周遭人們感到自在為目標。因此，我想從自己開始，散發幸福的能量。

對待戀人也是如此。要確實理解他以何種方式生活會感到舒心愜意。他需要多少時間獨處？因為是成熟女性，一定要理解、尊重。別去打擾他花在工作以及興趣上的時間。讓彼此獨處的時間都過得充實。撒嬌雖然很重要，但別依賴。

對待工作伙伴以及朋友時亦然。在一起時就笑著開心。不要壓抑自己的意見或是做出不必要的干涉。可是，若對方有困擾，就要和他一起商量、大方幫忙。對方看起來身體不太舒服則出聲關心。這雖然是很理所當然的，但意外地，卻有很多人做不到。

法國人很常稱讚他人。我們用的不是很一般的話語，而是想著要使用機智且充滿自我風格的讚美詞彙，然後滔滔不絕地脫口而出。

比如我，會對工作上的相關人士說：「謝謝您之前幫我寫了一篇這麼棒的介紹文。」表達感謝之意；若是面對打扮時尚的人，我會說：「這件衣服真漂亮，我也好喜歡。」這類讚美的話。

法國人會將想到的事立刻說出口，因為說得很有條有理，所以也給人冷漠的印象。但其實不是這樣。我只是老實說出自己的想法。眼神交會了就打招呼、對人微笑，然後若對方真的很棒就讚美他。這是我們從小就習慣的。

誠摯敞開心胸，若彼此都能展露笑容，就會感到心情愉悅。笑容有帶給人活力朝氣的能量。

戀人之間同樣需要笑容潤滑。戀情不順遂時，都是彼此沒有在對方面前展露笑容的時候。若兩人都能打從心底微笑，這對情侶就是幸福的。

朋友間也是如此。彼此都要有幽默感、說些充滿詼諧幽默的對話讓彼此發笑。就中文來說，應該就是「有幽默感、愛開玩笑」吧。說話時加上豐富的表情及肢體動作。還有，最好能看著對方的眼睛展露微笑。

法國人很喜歡驚喜，所以除了對自己的戀人，也會突然打電話或寫信給朋友。我們總有著惡作劇的心以及詼諧、愛開玩笑的個性。正因為是大人，所以偶爾才會想要試著裝成孩子。或許我們很會拿捏在這之間的平衡呢。

說起來，還有另一件事可以讓人開心。我的角色是擔任法國與日本之間溝通連結的橋樑，以及人與人之間溝通的橋樑，因此我經常會把朋友介紹給另一位朋友。

除了在工作上，在宴會現場中也會。

日本友人在法國舉辦日本活動時，我會介紹當地的友人給他們，反過來亦然。經我介紹的雙方有人彼此非常志氣相投，成了會一起去吃飯、旅行的好朋友。雖然我也會有點吃醋地說：「為什麼不來邀我呢？」（笑），但我其實是很開心的。

只有想不想
在一起而已

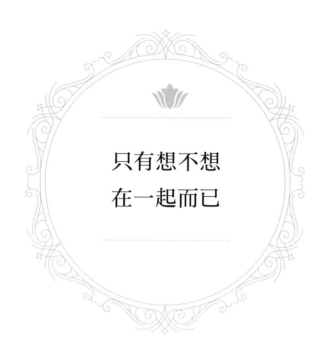

Non merci，拒絕的勇氣

如果你突然被告知「只剩一年的壽命」，你會如何？

你會連浪費一天的時間都沒有，你會去見想見的人，和想在一起的人在一起，去做此前一直想做的事。不是嗎？

我很喜歡甘地的一句名言──「要活就要像明天你就會死去一般活著；要學習就要好像你會永遠活著一般學習。」正如這句話所說，不要用「為了將來」、「為了老後」這樣的生活方式，而是「就算明天死了也不會後悔」，要用這種方式活著。

人生有限。去見在一起時不會快樂的人、做不想做的事，還有什麼比這更浪費時間嗎。

「雖然不想去，但因為大家都去了……」

「我討厭那個人，卻無法拒絕他……」

很多人都會這麼說！

我經常覺得很不可思議地想著，為什麼你們就不能明白說出心裡話呢？

日本人不擅長拒絕。法文中，要拒絕人時會用「Non merci」。只要一句話，就能表達自己的意思。若是日文，最相近的詞彙不知道是不是「可以了（結構です）」。這麼說來，我剛去日本時經常搞不清楚「可以」是肯定還是否定的意思。例如我從咖啡壺倒咖啡時，會試著問隔壁的人「要喝嗎？」此時對方就會回答「可以了」。這到底是要還是不要？*我都會想著，日本式的禮儀好難！請說得更簡單些啊！

*註：此處的「可以」，其實是日文的「結構です」，此日文字同時有「好的、不用」兩種意思。推之中文，只有「可以了」稍微雷同。

日本人很溫柔，受到邀約時都不會立刻拒絕，但同時，這也是他們優柔寡斷之處。明明只要斷然拒絕就好，卻會說「我雖然想去，但工作很忙，還不知道接下來會怎樣……」總之就是會找藉口。可是我覺得，若是不想去，只要說「我不去，謝謝你的邀請」就好。

你會花時間去見討厭的人嗎，如果會，那你更應該增加和喜歡的人在一起的時間。

偶爾推掉工作的應酬吧，每天下班都還要和公司的上司、同事一起去喝酒，進行公事上的交往，不累嗎。

比起來，早點結束工作，回去有家人在等待的家、與戀人約會、與朋友會面，這樣度過時間明明才更有意義。做不喜歡的事，不覺得那樣做是在浪費自己難得的人生跟時間嗎？

社群網站的
朋友數量
有那麼重要嗎？

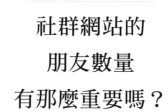

虛擬世界的朋友

近幾年，因為社群網站、網路、電子郵件的蓬勃發展，人際關係起了很大的變化。我們能隨時隨地與親朋好友取得聯繫、共享情報資訊；此外，也可以透過網路，與長時間失聯的人再見。

與對方聯繫上的瞬間，會歡欣雀躍地想著「哇！好懷念！」但我很納悶，將網路當成再聚的場所，並一頭栽進網路世界是怎麼回事？

雖然會覺得懷念，但世界卻變狹隘了。畢竟那些朋友失聯那麼久，或許是因為你們本來就不熟，就算恢復聯絡也沒什麼發展性（如果是國小、國中時期的朋友，那到底是幾十年前啊？）。

有些人之所以使用社群網路，是以增加朋友為目的，不管熟不熟，總之全部申請加入好友——學生時代的朋友、以前打工處的伙伴、前職場的同事、以前的……，全都是些過去式。

或許增加朋友數量很重要，但他們能成為自己真正的朋友嗎？從中能有什麼新的展開嗎？有很多時候，就算收到了來自從前友人的聯絡，對自己而言也沒有任何意義。

幾乎所有情況，都會變成是只說著場面話「改天再約吧」這種關係的模式。我人生的時間是有限的，所以不想浪費任何時間。對於無法為自己生活加分的事，我不想與之有牽扯。

雖然學生時代的朋友也很重要，可是，學生時期的我跟現今的我是不一樣的，這要如何維繫過去的關係呢？要如何取得與現今的平衡呢？這是一大問題。若執著於虛擬世界，反而容易迷失當下的自我。

而且現在人也花太多時間在滑手機上了吧！有很多人在吃飯時會一一拍照、上傳。明明餐點一上來就應該要馬上開動。在拍照上傳時，美味的料理都冷掉了。自己一個人時也就罷了，有的人即便朋友或戀人就在眼前卻還要滑手機，真令人難以置信。我十幾歲的姪子與外甥也是。又是刀叉又是手機，吃飯時一直手忙腳亂的。以後的世代，人與人交往的型態是否也將改變呢？

不好好珍惜眼前的人是怎麼回事？眼前的人不會感到不高興嗎？我經常看到，

明明是情侶兩個人在用餐，彼此卻都很熱中於滑手機。居然有這樣的相處方式，我真是嚇了一跳。

還有很多人會被「讚」制約，覺得一定要幫朋友按讚、留言。你是真心想留言嗎？如果只是當成義務，那要浪費多少時間在做這些事啊。

在現代社會中，當然，社群網站到起很大的作用。因為有很廣大的便利性與可行性，可以持續發布情報，所以可以和全世界相連結。對像我這樣在世界各國工作的人來說，是非常便利的工具。

我會在Facebook上發布工作上的資訊，（各位，請務必來看看喔！）可是，若生活中隨時都在使用社群網站，就是一大問題。可不行繞著社群網站團團轉啊。我絕非反對派，但是，仔細考量其優缺點後，我希望各位能在日常生活中的使用上取得良好的平衡，或是設定一個固定使用的時間。

仔細想想，我學生時代的聯絡方式就是信件跟電話。信件中有著言語的重量以及情緒。書寫的時間、等待回信的時間，都會讓我心情興奮不已。

我們本來就是不會被社群網站耍得團團轉的世代唷（笑）。一定要配合著自己的目的，聰明使用。「因為大家都在做」？「不快點回覆不行」？沒有這回事。為什麼要在意他人的眼光呢？「我就是我」。沒有秒讀秒回也無所謂。請擁有自信，以你自己的步調來利用社群網站吧。

別一直盯著手機或電腦螢幕看，請抬起頭，好好觀察自己的周遭。

別看著螢幕中的東西，請以自己的眼睛看看現實世界。

別只和手機或電腦中相識的友人聯繫，藉由直接見面對話，將能構築起良好的關係。

你的人生
是否有不斷更新？

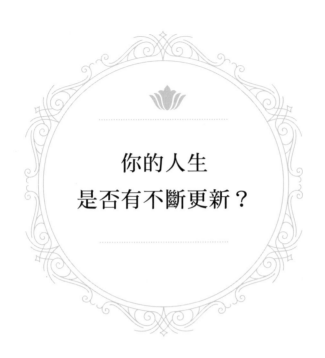

新邂逅

對於新邂逅，我總是感到期待、興奮。除了開始新工作時會這樣，對刺激的邂逅也會。比如去咖啡廳，我會和隔壁桌的人交談；長時間搭乘新幹線或是飛機，我會跟坐隔壁的人建立交情；閒晃著出門散步而走進店家、與店員聊天也是很令人開心的邂逅。

經常會有人說我：「朵拉好常碰到好人，而且能很快和那些人建立起交情呢！」這是因為我總是敞開心胸。而且不只心靈，同時，我的大腦中也總有著能接受新邂逅的空間。只要自己幸福，心胸與頭腦會自然敞開，就能遇見擁有相同能量的人。

我在二十五歲前，拿到了法國政府的獎學金而暫居日本。當時，我對亞洲沒有特別的關心，日文程度也只會打招呼，我就這樣來到日本。我預定在日本逗留幾個月就回國。前面我曾提到，因為受到寄宿家庭家人的勸說，讓我想嘗試在ＮＨＫ電視上擔任法文會話講師而與NHK聯絡。從這時開始，邂逅的圓圈就不斷擴大。既有偶然的邂逅，也有幸運的邂逅……，一直持續至今。我剛來日本時，完全無法想像自己會在神樂坂租屋居住。人生會因為不斷的累積而改變。你幾年後會變成怎樣沒人知道。如何？不覺得很興奮期待嗎？

若是最近沒有新的邂逅，不妨積極學習新事物或是開始運動，試著由自己採取行動吧！開始試著採取行動，世界就會變寬廣。擁有相同興趣的人、去同個健身房的人等，有很高的可能性會和這些人變得熟稔起來。我所教授的法文講座中也是，同學之間的感情都很好，有著很好的氣氛。

說起採取行動，我覺得可以對世界情勢多點關心。在法國，有很多人會從學生時代起就參加世界醫療團（Médecins du Monde＝MdM）或是無國界醫生（Médecins Sans Frontières＝MSF）等國際志工活動。這是很珍貴的體驗，還能遇見擁有相同志向的伙伴。

能否將新的邂逅發展成真正良好的關係，就要看你的魅力了。只要你能懷抱自信地活下去，身邊自然會聚集志同道合的人。

結婚
不是一切

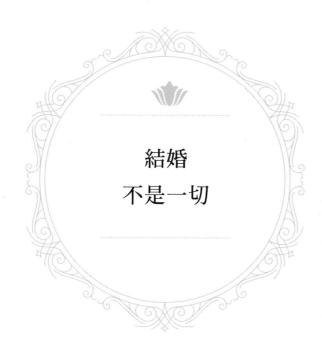

別被婚姻束縛

之前，我曾在各種地方說過，要說起日本與法國顯著的差異，就是對結婚的想法。

法國在一九六〇年代末還是一個非常保守的社會。自歷經了一九六八年的五月革命，從七〇年代起，女性運動興起，情況有了大幅的改變。女性變得能出社會，在經濟上能自立，漸漸不再被家庭束縛。

結果就是，拘泥於結婚這種型態的情侶減少了。在日本，夫婦的形式是固定的，但在法國卻有各式各樣的選項。

・同居
・PACS（Pacte civil de solidarité：民事互助契約。法國獨特的制度，在與伴侶的共同生活之中，能獲得與結婚相同的權利）
・再婚

・混合家庭

舉個例子，前法國總統歐蘭德（François Hollande），與同為政治家的前女友，彼此雖有四個孩子，卻是沒有結婚的事實婚關係。歐蘭德與前女友分手後，與某女性記者締結沒有結婚關係的民事互助契約「PACS」，但之後，因為被爆出疑似與女星外遇出軌，而和女記者分手。

日本看待政治家的醜聞是很嚴厲且不許可的。但在法國，即便是公眾人物，私生活又是另一回事。不會有人一一出來叫囂。法國在這部分是自由之國，或許這就是法國的特色。

在法國，男女關係是以有無愛情為優先而非形式。若性愛次數減少，就會解除關係。若不將彼此當異性看了，就不會在一起。我們不太重視對方的地位、薪資以及學歷等，而是以在一起能否感受到幸福為優先。

「既然結了婚就一定要終生相守」、「為了孩子就不能分離」、「為了能持續安穩的生活，就忍耐吧」。

幾乎不會有人這樣想。

日本明明是先進國家，結婚制度卻很保守。很多人就算想離婚，似乎也會因介意家人以及周遭的眼光而被侷限，在觀念想法上是還在發展中的國家。而法國人認為，個人的幸福是最重要的，只要本人幸福就好。幾乎所有情況，家人都不會多加干涉。

不拘泥於常識，不為壓力所壓迫，自己做決定是很重要的。要不要繼續婚姻生活，還是要結束，怎麼說都是以自己的想法為優先。

對法國女性來說，男性是怎麼愛著自己、是否能實際感受到對方是愛著自己的，將決定未來兩個人有多大的可能性可以走下去，這是很重要的。

但是在日本，我深刻感受到，很多人得承受來自社會、媒體、雙親的壓力。或是被父母說：「都一把年紀了還不結婚」，或是被主管說：「你還沒結婚嗎？」又或是被戀人施加壓力：「我們都已經交往這麼久了，你為什麼還不向我求婚？」還有人會在自我介紹的場合中，光明正大地說：「我正在進行婚活*」。

*註：「婚活」就是日本「結婚活動」的簡稱，指為了結婚而主動去做的活動。

我也曾被問過：「朵拉為什麼不結婚呢？」「沒有預定要結婚嗎？」這種時候，我都會半開玩笑地回答：「我既是自由也是要結婚的喔。」

我也經常會聽見有人說：「一個人不會感到不安嗎？」但我並不害怕孤獨。一個人生活、獨處的時間，這些對我來說都是不可或缺的。雖然我也曾有段時期是和戀人同居，但當時的形式也是在彼此的公寓間來來去去。我們每個禮拜各三天會在我家跟他家一起度過，剩下的一天就是彼此獨處的時間。我們認為，比起把在一起這件事變成很理所當然，我們更想持續保持「想見面」的熱情。

「若是單身，老後該怎麼辦？」其實我並不太去想以後的事，我只是坦率地活在現在的心情中。自小，我就夢想著總有一天要住在國外，好奇心與獨立心都比別人多上一倍。我想活得自由，若是「為將來考慮」而結婚，對對方來說也未免太失禮了。總之，我現在對於不結婚這件事並沒有感到不安。

交朋友沒有
年齡限制

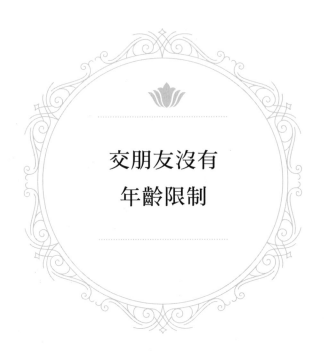

女性朋友

我以前並沒有積極結交女性的朋友。若同為女性，就算彼此是朋友，也會因為各種原因產生嫉妒心或競爭心理，所以覺得很麻煩。

自從住在日本，我的女性友人就增加許多。無關乎男女性別、年齡，有很多日本人會在旁人有困難時伸出援手，熱情相助。工作伙伴以及大學、語言教室的學生中，許多人都與我志氣相投。這些朋友不論國籍、年齡還是職業都各不相同，相處起來很輕鬆。

基本上，朋友的生活方式、想法，愈是和我不同，我就愈是感興趣，會覺得很刺激。和這些朋友來往，不僅能豐富內涵，也能增廣自己的見識。

日本女性的朋友圈，大多是同世代的團體。不知道是不是因為同世代有著相同的境遇，所以會感到相處起來比較舒服。

據我觀察，日本人很珍惜同個學校、公司間的人際網路，朋友多是學生時代的朋友，一起去喝酒的則是公司的同事。若是女性，結婚生孩子之後，就會加入媽媽團體中。這樣的傾向很強烈。可是若只參加「只有女生的聚會」，交友圈會變狹窄，旅行也總是只有女性同伴，感覺很不自然。

比起日本人，法國人不太開「同學會」。

我們認為，認識不同年齡層的朋友很重要，而且我們本來就不太在意年齡。在日本，常會有人說：「朵拉，妳是幾年次的？」「那我們同年啊！」若知道我們是同齡，就會突然以親密的口氣和我說話。這對我來說也非常不可思議。我知道偶然遇到同鄉或校友，那種驚喜的心情，但我認為交友無關乎年齡、性別、職業，可以說全法國人都這樣。法國人的想法是：「想面對那個人的本質」、「想談談彼此間的想法」。

任性地活著，讓自己幸福，喜歡你的人，就會自然而然聚集在你身邊。

我自己也是，喜歡那種誠實面對自我、看起來活得很幸福的人。待在無關乎性別、年齡的朋友圈中，會讓我身心愉快。

戀愛的煩惱，最好去問男性朋友

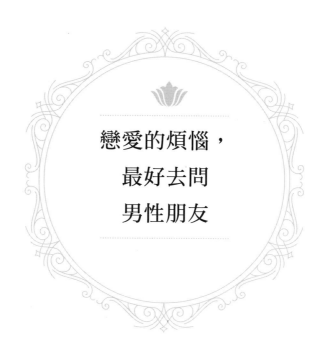

男性朋友

我有很多男性朋友。我在在前面提過，我和法文講座中一名年齡和自己父親差不多的男學生交情很好，在大學教書時，則是和比自己年輕許多的學生們很親近。可是，我在日本和男性走在一起或是一起吃飯時，立刻就會被人問：「那是朵拉妳的戀人嗎？」就算我說：「是朋友喔。」也沒人相信。對我來說，和男性朋友一起行動是極其自然的事……。這有什麼奇怪嗎？

還有去宴會的時候。我若帶了不同年齡層的男性朋友前去，眾人都會非常驚訝。尤其是被社會認定為「大人物」的人，大家更是會連番提問：「那是誰？」「你們是什麼關係？」這些人雖然都是我的朋友，但感覺就是有點奇妙。

我喜歡討論。男性比較能夠針對社會情勢與我交換熱切的意見。還有足球、腳踏車競賽等，關於這些我個人非常喜歡的運動，能夠深入對談是很愉快的。

以前，我開家庭派對時，要是聚集親密的朋友，有八成都是男性！「我說朵拉，女生在哪兒？」「我是期待著和女生們邂逅才來的，結果全是男的啊！」接受邀請的男性朋友都苦笑著這麼說。之後我反省了一下，開派對時會先製作邀請名單，留心男女人數間的平衡（笑）。

男性朋友不像女性朋友會抱持競爭心，所以相處起來很輕鬆。戀愛諮詢時也是，比起女性朋友，我找男性朋友的時候還比較多。因為所謂的戀愛諮詢，正是因為我不知道戀人的心情才煩惱，若是詢問男性，就能得到比較能做為參考的答案。

不只是戀愛諮詢，針對各項問題，和男性友人們交換意見是很令人開心的一段時間。「男女間的想法還真是不一樣啊」有時我也會錯愕地這麼想著。男女之間在根本上就是無法相互理解的生物。正因為這樣才有趣。想要獲得工作上的靈感，有時男性友人們的意見也能成為參考。

雖說是朋友，彼此性別卻不同。走在一起時對方會幫忙開門，或是走在不平穩的地方會幫我一把，或是可以拜託他們體力活。正因為彼此都有好意，才能構築起良好的關係，若感覺對了，成為「朋友以上」的關係也不錯。

比較尷尬的是，只有其中一方抱持戀愛情感的時候。我很少會將友情變成愛情

的……。若是男性友人向我告白，問題就會變複雜。

要是變成這樣，有時彼此談過後還能回復原本的關係，但若是我不想再見對方，很可惜的，和那位朋友的關係就到此為止了。

結束的方式也有學問。若能好聚好散，沒有鬧得太不愉快，日後再成為朋友，也不是不可能。不論男女，最重要的就是信賴關係。還有關於彼此間的關係，要尊重相互的「自由」。

所謂的朋友，是對方可以突然打電話來，我也可以突然打電話過去邀約：「現在可以見面嗎？」然後在咖啡廳討論事情，說著「那有時間再聚吧！」而分開。

隨性、自由、不用特別費心，可是彼此信賴著，那麼見面的時候就會非常開心！我想享受這樣的朋友關係，而非男女關係。

更讓人印象深刻的打招呼

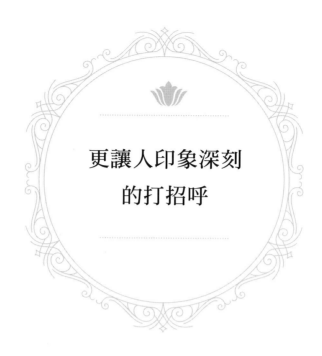

擁抱與親吻

我來往法國與日本超過二十年，要說讓我感到有什麼習慣是不一樣的，就是擁抱與親吻。法國人習慣親吻對方的臉頰（bise）四下（依場合不同，也會有兩下、三下的）。

我剛來日本時，雖然會進行一般的臉頰親吻，但我看到日本人一臉驚訝的模樣就啞口無言了。對沒有親吻臉頰習慣的日本人來說，若對方的臉突然靠近過來是很恐怖的。我現今已經非常清楚，害羞的日本人會因此膽怯退縮。

的確，對一年中有一半時間住在日本的我來說，我也覺得法國式的這個打招呼方式有點麻煩。在會面或聚餐時要和全員一一親吻臉頰，實在太花時間了！

「我是採用日本式的打招呼方式」，最近，我在法國也會省略親吻臉頰。連打招呼都是自我流。我會看當時的心情決定。

說起日本式的打招呼，就是客氣。我剛來日本時，對於上班族們點頭哈腰的客氣姿態感到很震驚。主管或客戶都搭計程車離開了，頭都還一直低著，我看到的時候（而且還好幾個人並排著），不禁笑了出來！因為很有趣，我就一直看著。

日本偏好在分開後還暫時繼續看著別人的背影送別。若是法國人，大家會說聲「Bye Bye」，然後各自朝著彼此的方向離開。可是日本人卻是在我回頭時還依然待在原地，連在車站月台分別時，直到發車，都會站在那兒送別我。

我去過各國旅行、留學、工作，其中最讓我驚訝不已的就是古巴的肢體接觸。那是親吻對方臉頰很久很久、非常熱情的打招呼！連身為法國人的我都驚訝異常，若是日本人可能會昏倒吧（笑）。

話雖這麼說，這與愛不愛無關，就只是個招呼而已。我們活在一個對話型的國際世界中。就讓我們好好瞭解自己國家以外的禮節作法，必要的時候用上它吧！若能表現得泰然自若，自己跟對方都會有好心情的。平常時也可以進行練習喔。

在國際場合，我經常會感覺到日本人好像很拘束不自然，大家要不要試著跨越心中那道「難為情」的牆，解放自我？

或許親吻臉頰的難度稍微高了些。可是在日本，最近擁抱已經變得相當自然。

我在二〇一六年夏天回法國看歐洲足球錦標賽，在法國的比賽中，每次得分我們都會和隔壁的陌生人擁抱！若能一路晉級決賽，然後獲得優勝，就能帶給因恐怖攻擊而導致國內情勢不安的法國國民一些希望。所有人都這麼想。很可惜法國只得了亞軍，但我們的心都團結一致為法國隊加油！

擁抱是感到高興時能傳達彼此心情的一種儀式。日本人也是，足球的支持者們會團結一致加油，選手們也經常會擁抱、一起開心。情緒高漲的時候，安多酚就會分泌，甚至藉由肢體接觸，喜悅會倍增。

開心的時候、難過的時候、寂寞的時候、失敗的時候……，藉由擁抱能互相分享心情，能互相傳遞溫暖，所以擁抱是很重要的行為。

關於打招呼，最簡單的肢體接觸就是握手。這是非常重要的外交手段。然而很遺憾的是，大多數日本人的握手方式都很生硬。在我的法文教室中，會從握手的方式開始練習。

力道不要過強，也不要太輕，要看著對方的眼睛，帶著笑容，自然地握起手來。最糟糕的是吊兒郎噹地伸出手，或是伸出滿是手汗的手。在商場上，利用握手這一個動作就能判斷一個人的為人。

握手力道的強度・時間長短等，藉由經驗來學習是最好的方式，但是平常卻不太有這種機會。各位要不要試著鼓起勇氣，由自己主動伸出手呢？

說著「好久不見了，真高興能見到你！」會面瞬間就握手；說著「那我們再約喔！」的時候握手。這時候就會自然地擁抱。藉由愉快的肢體接觸，或許會在你的生活中更增添笑容。

和朋友們
來一場
家庭派對吧！

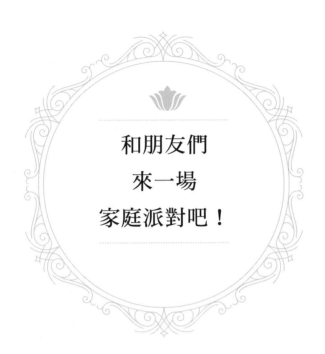

自帶食物的派對

法國人平常很常辦派對。不論是在家招待人還是被招待都很喜歡，所以經常會舉辦家庭派對。也有的人是很講究裝潢，想讓別人看看自己家而招待來客的（笑）。還有喜歡做菜的人，會在自家招待友人展露手藝。

雖說是派對，但不是什麼誇張的場面，基本上是家常菜的派對風格，被招待的一方不用準備太貴重的東西拜訪。

比如各自負責帶葡萄酒、起司、甜點、水果、沙拉、蛋糕，也有只帶葡萄酒、麵包跟起司的情況。還有不決定誰負責帶什麼的驚喜模式。

舉辦生日派對的時候，基本上會帶香檳跟一種菜餚……大多時候大家都是自備沙拉、法式鹹派、塔、蛋糕等親手製作的食物。可是也有只喝雞尾酒的輕鬆模式。

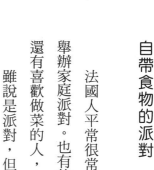

舉辦「今天要穿白衣服！」的服裝派對也很有趣。

我在日本經常會開日法混合派對。由法國人自備葡萄酒，日本人自備食物，享受交流彼此文化的時刻。

不限於週末，法國人在平常日就會開派對！

稍微喝些開胃酒，以休閒的模式開始，然後才決定菜單。我們不只會聚集在某人的家中，在舒適的季節裡，也會在公園野餐。不用為了炫耀而準備高級食材，只是和志氣相投的朋友們熱熱鬧鬧地快樂著。

家庭派對是一個重要的邂逅場合。很多情況是朋友會帶著自己的朋友來，一下聚集起各式各樣職業或年齡的人，非常新鮮刺激。

家庭派對能讓東道主以及客人都不勉強自我而樂在其中。各位要不要試著來規劃看看？

朵拉推薦的派對菜單

立刻可以準備好——

- 開心果
- 醃橄欖
- 蔬菜美乃滋沙拉
  把美乃滋加在櫻桃番茄、生菜、白蘿蔔、小黃瓜、胡蘿蔔、西洋芹上。
- 海苔切片
  朵拉原創的法國味 X 日本的極品食譜。奶油起司海苔捲。

如果有長麵包——

- 起司拼盤
  混合卡芒貝爾乾酪、藍乾酪、孔泰奶酪、山羊起司等。
- 豬肉拼盤
  火腿、香腸、義大利香腸、肝醬（Pâté）、熟肉抹醬（Rillettes）等。
- 沾醬
  酪梨醬、希臘紅魚子泥沙拉、黃瓜與優格醬等。

主菜——

- 培根與起司法式鹹派
- 波菜、蔥、鮭魚派
- 哈密瓜、莫扎瑞拉乳酪、義大利麵沙拉

甜點必不可少——

- 蛋糕
- 甜派
- 水果

家人
是你的後盾

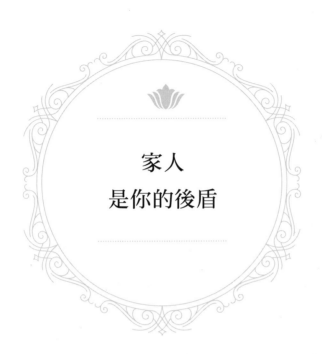

最能信賴的人

我的家人就是父親與妹妹米雷耶。雖是個小家庭，卻是無可取代的存在。和家人在一起時，能讓我打從心底感到輕鬆、表現得平常且自然。

年輕時，我曾因為父親做的一件事勃然大怒，與他吵架。現在的我，增長了智慧與經驗，所以什麼都可以笑著帶過。和家人一起度過的時間那麼寶貴，用來吵架真是太浪費了。

度假期間，我一定會空出時間和家人一起在別墅中度過。正因為我來去於巴黎與東京之間，所以更珍惜和家人在一起相處的時間。

話雖這麼說，我們也不是一直碰面。法國是個人社會，就算同樣待在別墅中，大家也會各自做喜歡的事來打發時間。

比如畫畫、或是保養腳踏車、讀書、出門散步……。即便如此，只要能感覺到家人的氣息就在身旁，時間的流逝就和平常完全不一樣。

我和米雷耶是相差三歲的姊妹。除了姊妹感情好，我們兩人和父親的感情也非常好。

今年夏天，我享受了和妹妹的輕旅行。我也會和八十一歲的父親兩人一同去旅行。父親曾因為想見我而造訪日本，這時我們就會出門來場輕旅行。

在日本，母親與女兒的羈絆很強，但卻很少聽見父親跟女兒一起去旅行的事。

我覺得，若是父親與女兒間的羈絆能再強些就好了。

法國男性在結束工作後會去托兒所接小孩、購物、在家做晚飯，這些事很常見。

可是，日本的父親和孩子在一起的時間卻很少。

我和在工作上認識的年長者稍微聊了一下，得知他在日本經濟高度成長期的一九七〇年代時，幾乎全心奉獻給公司。他還教了我「工作狂」這個詞。

他說「每晚回家時，孩子都已經睡了」、「星期天還得出門去和客戶打高爾夫，沒出門就因為疲累而睡覺，不太有和孩子一起玩的記憶」。這麼一來，父親與孩子間的關係會變薄弱也是理所當然的。

和當時相較，現今的男性較多的是「育兒男」（養育小孩的男性）。經常能看到許多爸爸們騎著腳踏車載送孩子去托兒所的身影，休假時則推著嬰兒車或是用背帶抱著孩子。我認為這是非常好的傾向。要重視雙親與孩子一起度過的時間。如若不然，彼此將會漸漸地變得形同陌路。

騰出時間並設定一個地方和家人相聚。好好地度個假、和孩子們一起遊戲。在日本，這被稱為「家人服務」，但這才不是服務。這是會讓自己打從心底感到開心的事才對。

話雖這麼說，與親戚間的交往太多，那可很令人頭痛。要是和伴侶的雙親或是親戚相處愉悅還好，若是處在勉強的狀態下，對精神上會造成壓力。我認為，與親戚家族間的交往，不論是在時間上還是距離上，若自己能在心中設定界限，心情就會變輕鬆。

家人是最後的堡壘，是能守護我們的場所。因為是能讓我們打從心底感到安心的場所，所以是很難得的。

不論是法國還是日本都一樣，都有照護家人的問題。有人告訴我，在日本，有所謂「老年照護」的詞語。

在高齡化社會的現代，來自外界的幫助是必要的。誰都無法獨自承擔、被社會所孤立。我健康的父親也已經八十歲了，這是我自己不得不認真面對的課題。

法國人基本上是個人主義，所以沒有二代同堂的觀念。德國與義大利也是如此。我的祖母在幾年前以九十九歲高齡亡故，依照她強烈的希望，一直到最後，她都是獨居。即便眼睛看不到、腳也不好，但祖母的頭腦卻很清楚。我熱愛自立與孤獨的脾氣，或許就是承繼自祖母。

當然，我們經常會去拜訪祖母。祖母最疼愛的父親很常露臉，我也是，在巴黎的時候經常會去見她，她熱愛閱讀維克多．雨果的詩，我們會為她進行朗讀。

在法國，照護制度很完善，就算上了年紀也可以一直居住在自己的公寓中。會有人配送早晚餐、協助餵食，其他還有會幫忙洗澡、上廁所的護理師。與其讓自己的孩子幫忙換尿布，高自尊的法國人會比較希望讓專業人士來做這件事。

我日本朋友的父母失智後會到處亂走，她為了照護父母而回去老家。一年後再見她，簡直像變了另一個人，既消瘦又憔悴。她的責任感很強，加上又是獨生女，所以或許是努力過頭了。

為了不要讓照護成為自己的負擔，而且最重要的是為了不要疏遠自己重要的雙親，法國人會想好好利用照護制度。

寵物等同於家人

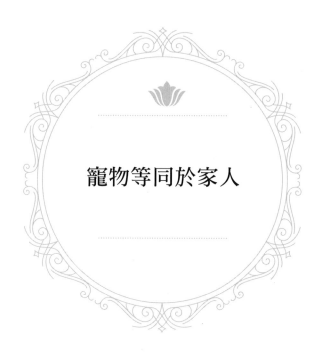

寵物也有「人權」

試著擷取一片巴黎街角的風景，你會發現，一定能看到寵物的身影。廣場上依偎在情侶腳邊睡覺的大型犬、購物商場中貴婦抱著的小型犬、在公寓窗邊繃直身體端正姿勢，看著來往行人的驕傲貓咪。

公寓等集合住宅中不會禁止飼養動物，寵物還可以搭公車、搭計程車。若在巴黎搭計程車，偶爾會遇到司機帶著狗狗上班。這是日本所想像不到的景象。

法國人可以自由享受與寵物一起生活。

我以前也曾養過大型犬。那隻狗是柯利犬和比利時牧羊犬的混種，特徵是如畫有眼線般，非常的帥氣。我和牠一起沿著塞納河畔散步，這段時光非常開心。很多時候，飼主們錯身而過時會互相打招呼，大家感情就會變好。我雖然沒有碰過發展到戀情地步的邂逅，但曾聽聞因為帶狗散步而發展成情侶的案例。

因為飼養動物數很多，以前巴黎的街道很令人詬病的就是狗的排泄物。「我左腳踩到了，所以今天很幸運！」我們只能像這樣硬著頭皮笑著帶過。現在法律已加重不清理犬隻糞便的罰金，所以會清理的飼主增多了，走在街上也輕鬆好走多了。

最近，聽說日本興起一股貓風潮。幾年前是小型犬風，似乎有很多人都會在家中飼養小型犬。或許因為輕而易舉就能飼養，被飼主棄養的寵物也增加了。

我聽到安置在日本收養所中的犬貓被撲殺時，受到非常強烈的衝擊。在法國也是有可愛的寵物因與飼主的死別或孩子過敏的問題而無處可去，還有在飼主度假期間被丟棄的寵物。可是，法國很多團體會收容這些寵物，為牠們找到新飼主。法國是「人權」概念的發源地，所以非常看重這個觀念。愛護動物的精神也非常強盛。

在法國，我們不會在寵物店購買貓或狗，基本上是利用網路等領養被收容的動物。還有法律規定飼主有義務為貓狗植入晶片。以前是刺青，但即便是接受過刺青的動物也必需植入晶片。託此制度之福，棄狗、棄貓大幅減少。

因為人類的任性就殺死貓狗，這是不被允許的，因為寵物是家族的一員。既然把牠們接到家中了，當然要和牠們一起生活到最後，對吧？日本是不是也該訂定更

嚴格的規範呢？

我的友人，已故女星川島直美很喜歡大型犬的事廣為人知。直美的先生是甜點師鎧塚俊彥先生。在直美過世一週年時，她很重視的瑪歌酒莊等葡萄酒於慈善會上做展售。直美的目標是捐款給「到二〇二〇年前，達成貓狗零撲殺！」的活動。我對直美的遺願也很有共鳴。

有獨特風格的人
很有魅力

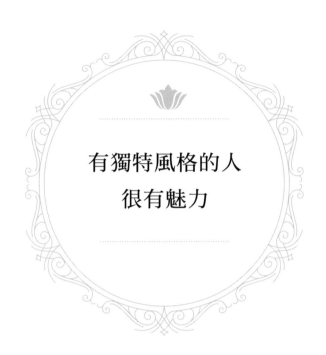

提升自我的人

若是和會讓自己心裡不舒服的人在一起，根本是在浪費時間。各位不會這樣想嗎？

和不停抱怨或是說人壞話的人相處，根本是在消耗人生的時間。有的人表面上看來和其他人關係很好，卻會在背地裡說別人壞話，像這種人只是在降低自己的價值罷了。若你身邊的人，都令你感到不舒心，那是因為你也是同個層次的人。提升自我、自信生活，身邊自然會聚集出色優秀的人。若有想在一起的人，自己可以主動積極一些，這樣的你將會有更好的邂逅。

我的朋友芙美子（ふみこ），現居巴黎，是受到我人生觀影響的其中一人。因為常和我談天，後來也有閱讀我寫的書，她發現自己的想法和我有許多共通點。

在日本，她一直都抱持著狹隘的想法生活。她確信，自己的想法比起日本更接近法國，所以決心來到巴黎。

雖然一開始遭到父親反對，但她活力十足地過日子，父親似乎也轉而支持她。

我從小就很堅強、自立。我曾經做過的事、我的風格、我傳達的人生觀⋯⋯，若這些能帶給人勇氣，我都會非常開心。芙美子很愛法國，我很自豪自己可以成為開拓她人生的人物。

你是怎麼活到現在的？對任何事物都有自己的想法和見解，很重要。

有人看起來時尚又出色，一說起話來卻沒有深度、沒個性又平凡，即便和他在一起，也無法提升自我。相反的，有人看起來很平凡，說起話卻言之有物，有自己的見解，令人饒有興致，可以刺激我好奇心的天線。我會想和那樣的人建立起好交情。

你的週遭都是可以信賴的人嗎？進行的對談可以提升彼此嗎？是否覺得打從心底想和他在一起呢？能夠共度有意義的時間嗎？支持你嗎？你也支持著對方嗎？

有的人自豪於自己的朋友很多，但是，單只是拓展人脈沒有意義。請珍視能相互認可、深入交往的人。

別用身分地位
選擇朋友

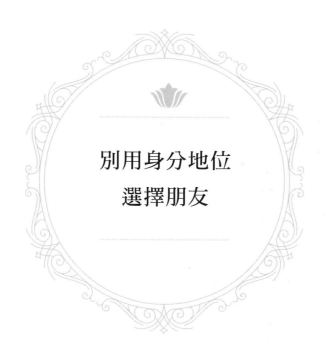

你是跟對方的畢業學校還是公司交往嗎？

孩子在選擇朋友時，不會去問對方「你讀什麼學校？」「你的父母在做什麼工作？」

他們只是因為想和人交朋友、因為和別人志氣相投、因為在一起玩很開心，孩子們只會因為這樣單純的心情而去結交朋友。即使長大成人交朋友也是很單純的，最重要的是對方的個性。

我不會因人而改變自己的態度。

「你是哪所學校畢業的？」「你在哪間公司工作？職位是什麼？」

我對這類事情不太感興趣。

說到大學，我只想聊：「你是念什麼的？」「你為什麼想念那個科系呢？」

說到工作的企業，我則會好奇「你有確實做了自己想做的工作嗎？」「你每天都過得很有意義嗎？」

日本很重視地位，關於這點我覺得很遺憾。畢業大學或是工作的企業，這些都是附加的，之所以會重視地位，是否因為自己內心沒有自信呢？

日本人明明很少表現自己的想法，卻毫不隱諱地說出知名企業名稱或大學名稱，這是為什麼呢？還有人會把丈夫上班的公司以及孩子上的大學拿出來炫耀。但這明明就和那個人的個性完全無關啊。

我很自豪於自己畢業的大學。因為我是拚命努力才考入那間大學。我希望大家能看到我從學生時代就一直擁有向上心，並努力持續至今的模樣，而非我的大學名稱。我是這麼想的。

日本社會被稱為「招牌社會」，這是某位日本友人告訴我的，所謂招牌是指任職企業名或畢業大學名。但現在託網路媒體的福，情況已出現改變，社會風氣漸漸不再拘泥於招牌，而是更加重視個人能力、業績。這是非常好的傾向呢。

我不想因為他人而改變態度。我來到日本，擔任NHK電視節目《法語會話》的講師，在那之後，有人突然改變態度，親密地叫我「朵拉～！」因為本來還以為我只是個留學生，沒想到卻是電視名人。我開始在慶應大學擔任講師時也有同樣情況。很遺憾的，有很多人都會用地位來判斷他人。

不要用地位來評價別人與自己，把眼光看向自己跟對方的內在。當你擺脫一切對招牌的迷思，你會愉悅、輕鬆很多，甚至有更多機會拓展人際交往。首先，請擺脫招牌，放下先入為主的觀念吧。

如果有人問我的職業，我會回答「我擔任日法溝通的橋樑」。我對自己所做的事很有自信，很有個性吧？

「具體而言，那是份什麼樣的工作？」若有人這樣問，我就會說是撰稿人、散文作家、講師、評論員、記者等，告訴他們我現在在做的各式各樣工作，然後述說接下來我想做些什麼。我的好奇心很旺盛，所以也會問對方很多事。若對彼此都很有興趣，就是志氣相投！可以加深關係，從單純點頭之交，成為親近的友人。

重要的是想更瞭解對方、想和對方多說些話、想多在一起，就是這樣的心情。

別拘泥於地位，我希望你能重視自己的嗅覺與本能。

CHAPITRE
3

去喜歡的地方

To anywhere you like

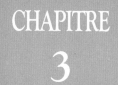

居住地是人生的能量點

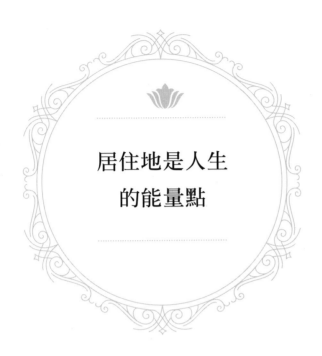

要住在都市還是鄉間？

要說喜歡的地方，而且還是最能讓人感到平靜的地方，就是自己的家。是這樣沒錯吧？請別說出：「只是工作累了回去睡覺的地方而已，而且還總是凌亂不堪。」這麼可悲的話。住家是我們最長時間待的地方，所以要住在喜歡的地方，而且一定要打造能令人打從心底放鬆、感到舒暢的空間。

首先是居住地點。

我生於巴黎長於巴黎，現在則是在巴黎與東京都有家。我是夜貓子，若三更半夜無法購物會感到困擾，而且必須交通方便。我認為這樣的自己比較適合住在都市。

當然，若要舉出都市的缺點還真是沒完沒了。像是物價高，還伴隨有遭遇扒手、小偷、搶劫等犯罪的危險。我對擠滿人的電車也很厭煩。還有因為沒什麼大自然，所以會接收到負面能量，容易成為壓力。

不過在都市中能感受到人們的力量，體會到活著的真實感。十字路口上往來的人們、結束工作後陸續走上街的上班族們、活力十足的商店街……每天都很開心地振奮著人心。

在每個都市中都有「都會之美」。

不管怎麼說，在巴黎散步就是讓人愉快。只要踏出門一步，眼睛所看到的建物、從那空間中看出去的天空與樹木，所有的配置都很漂亮，也能讓人感受到時代、歷史感。石造建築物林立的風景融入在日常生活中；從塞納河上的橋遠眺，一點遮蔽物都沒有，可以望向遠方，不論看幾次都不會膩。從聖米歇爾橋（pont Saint-Michel）看出去的街道幾乎百年以上都沒改變。

我會去自家附近的 boulangerie（麵包店），抱著長條麵包穿越公園、看看花店店頭……。

「Bonjour! ça va?」（您好嗎？）

熟識的店員會向我打招呼。

單是繞附近一圈回來，就不知道笑了幾回。每天都可以體會到這樣的日子。

我曾在各國的城市中居住過，每個城市都有它的魅力。

紐約有著鋪天蓋地的摩天大樓。放眼看去，街道上有各式各樣的人種、不同職業的人腳步快速來往著。跟以前比起來治安改善了些，街道上充滿了全世界人們的能量。

倫敦以皇家公園為首，街上到處都有著公園。有海德公園（Hyde Park）以及聖詹姆斯公園球場（St James' Park）。還有英國人的幽默，雖然被認為很「諷刺」，但對於喜歡機智對話的我來說，很有趣。

柏林在文化上很繁盛，很多街道都有博物館、美術館、劇場等。街上行人的步調不如紐約及東京那樣匆忙，讓人覺得很舒服。在德國，我也曾住在更郊外的街道，但我覺得自己果然還是比較適合住在都市。

還有東京。我很喜歡穿越澀谷十字交叉路口時融入人群中的感覺。沒有人注視著自己，大家都只是快步地、視線不相交地錯身而過。我真切感受到獲得解放、自由的感覺。我曾住在東京各處，但因為受到近代與古建築物反差的吸引而住到神樂坂。神樂坂的飲食店種類很多。有的店，學生只要用三百日圓就能吃到拉麵，也有藝人會去的高級店面。散步在細緻的石板路上，會有一堆令人驚喜的發現。我在這兒住了很長時間，所以走在坡道上時，相識的日本男性會推薦我法國餐廳，老店的老闆娘會笑著與我打招呼，每天都過得很愉快。

雖然住在都市，但仍要經常接觸大自然。對我來說，置身於自然之中以獲取身心平衡是最必要的。度假時，我會前往未經開發、保留較多自然的土地，日常累積的壓力就能獲得十足的療癒。

我不喜歡介於都會與郊外之間的地方。在假期中，我會選擇只看得到天空與海洋的藍色、樹木的綠色等有著自然色彩的地方。與身處都市截然不同，在沒有半個人的地方反而感受到自由。

最近，法國受到網路的影響，愈來愈多人離開都市、移居充滿自然的鄉下。若能使用電子郵件，就算遠離都市，還是可以工作。加上還有ＴＧＶ（法國高鐵），只要花上三小時，就可以從巴黎移動到馬賽或是波爾多。巴黎曾發生恐怖攻擊，考量到環境層面以及孩子的教育等等，許多人都決定要移居。

在此，重要的依舊是不被流行或他人的意見所左右，要靠自己來決定。我的朋友在一個星期中有幾天會在巴黎以及普羅旺斯兩地來來去去。

至於我，是在神樂坂與巴黎兩地之間往來。我在巴黎是買一戶公寓居住，在神樂坂則是租屋。日本三一一大地震以來，我有一段時期有考慮要改住在京都。可是接受採訪、上節目或是和朋友見面……，一想到各種情況，就覺得還是住東京比較方便，所以一直持續著現在的生活。

住在有自己
風格的家

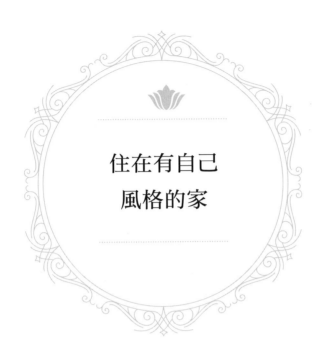

日本的租屋問題

我經常往來於巴黎與東京兩地，第一次考慮到「在日本租屋」的時候，還真不知道該怎麼做。我曾落腳在工作地點附近的旅館，停留時間長一點時則會借住在朋友家。可是，不論是哪個地方都無法讓我平靜。

我是「朵拉貓」，很喜歡吉普賽生活。可是如果連續好幾天這樣，仍會覺得吃不消、無法靜下心來。結束工作回家，但卻不是回到自己喜歡的地方，疲勞就會加倍。我寶貴的一天就這麼浪費掉了……。所以，生活得有自我風格、擁有自己專屬的空間是很必要的。我強烈地這麼想。

我頭一次開始自己一個人住是在十七歲的時候。那是一間可以從窗戶看到巴黎聖母院的閣樓房。法國人從年輕開始，就有旺盛的自立心。大半數的人都像我一樣，高中畢業的同時會離家租屋居住。

法國租屋的居住地點彈性很大，還可以分租。除了和交情好的朋友一起分租，也可以由仲介商幫忙尋找分租者。我覺得日本的制度有些拘束，比如租房時有改裝的限制。若在法國，租賃的房間還是可以重塗油漆等，打造自己的風格，但在日本不行。在法國，入住不需要禮金*。保證金的目的是為了修理、賠償用，大致上都會歸還。美國是要保證金一個月，但不需要禮金。日本的保證金、禮金都很高，對這點，我頗為不滿。

*註：禮金，日式習慣，感謝屋主將房子出租的謝禮，金額約一～兩個月的房租，簽約時繳交，退租時不會退還。

即便是租屋，法國人也會打造能讓自己感到平靜、有自己風格的空間，會依租屋者的喜好改裝房間。法國人很喜歡在家自己動手ＤＩＹ，自己改造房間。即便很不擅長，也會去拜託擅長這方面的朋友。若手頭比較寬裕，則會聘僱設計師，搬家時就保持原樣也無所謂，反正下一個房客又會打造屬於他自己的風格。

日本的房東立場很強而有力，但在法國，則是房客的立場比較強大。

此外，法國人認為，與其一直付房租，不如考慮擁有自己的家（包含公寓以及大廈這類房產），會積極地開始考慮買房的事。法國的貸款種類很多，除了金融機關借貸的一般性住宅貸款，還有其他為數眾多的貸款，為買房而設的機制很完善。

貸款的金額有上限，所以不會形成像日本那樣長時間的貸款。在日本，有要支付三十年、三十五年貸款的例子，聽到這些例子時，我感到很驚訝。

法國人會在住處中堆滿有自己風格的東西。不論房子是買的還是租的、不論有沒有錢、不論房子大小都一樣。這除了關係到自己感受的舒適度，也和人際交往有密切的關係。

把家打造成自己的風格，再呼朋引伴，邀請大夥來自己家。偶而可以試著敞開陽台，開場家庭派對。日本很注意噪音，所以似乎不太會找人來家中，為了這種時刻，可以事先和附近鄰居打好關係。雖然不太清楚最近隔壁房住了什麼人，但為了讓彼此都住得開心，我會去和鄰居彼此打個招呼。生病或震災的時後也能互相幫忙。

自我會顯現在居住的環境中。家就是自我的表現。不論是買的還是租的，我都想住在能光明正大給人看的房間中，並和附近鄰居維持好關係，開心生活。

要不要試著
住在國外看看？

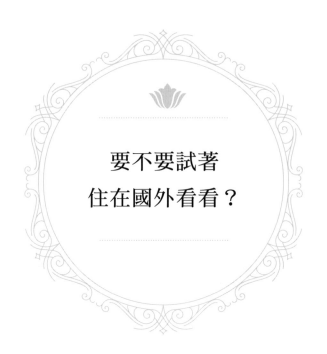

旅行、寄宿家庭、實習

我從還是作夢少女的時期開始，就對國外很感興趣。我神往於自己未曾踏足的土地與不曾見過的景色。長大後外出留學、旅行，我的好奇心一一獲得滿足。

為了留學而短暫滯留在某地，或是去某地旅行時，我都會萌生出新的欲求：「下次我想住在這片土地上！」至此，我已經在柏林、倫敦、紐約以及東京等地居住過。

在國外居住，每天都是連續不斷的冒險，令人非常興奮。只要踏出一步，就能和說不同母語的人交流，或是去購物、或是去喝咖啡，一一挑戰每件事，那快樂真是無與倫比！若能稍微住上一段時間，就能更深刻瞭解一條街道。

我到訪過世界各國，說到近來感興趣的城市，就是古巴的首都瓦哈那。瓦哈那歷經動盪的時代，發展成了一座大都市。在舊市區中保留有西班牙殖民式風格的建築，而且還登記在世界遺產中。海明威格外喜歡這個地方，在這裡完成著作《老人與海》。

在這兒能接受到與我此前旅行過各國不同的刺激。雖然我不住在這兒，但卻會想藉由度假長期逗留於此。

居住在國外，除了會遇到當地人，也能遇見另一個自己。

剛開始的每天都是失敗。或許會鬧誤會、丟臉，對我來說，這類事情數之不盡。可是只要連這些都樂在其中就好。這麼一來，在生活中，就會逐漸發現改變的自己。

雖然一開始會提心吊膽，但漸漸就會變得不那麼擔憂，不知從何時起能在異國的人群中歡笑、第一次有了思鄉病、注意到自己開始想念家人，或是重新感謝自己周遭的親朋好友。你將能遇見堅強與脆弱的自己。藉由在異國生活，能遇見此前你所不知道的自己。

你去到國外時，會覺得非得多提出些自己的意見不可吧？或許你會因為自己是外國人而感到後悔，但那也是你的財產。總之你一定能瞭解只待在自己國家所不知道的事，眼界與看待世界的方式，都會有所不同。如何，是不是感到很期待呢？

在外國居住有很多種形式，例如邊學習外語，邊在當地家庭寄宿。應該有很多人在學生時代都有過留學的經驗，最近的日本，年輕世代出國留學正備受注目。

光只是旅行還不夠，想接觸憧憬的外國文化、想實現學生時代沒能實現的夢想，想居住在國外的動機有各式各樣。若是出國留學，雖然也有和同齡人一起學習的課程，但可以的話，還是希望大家選擇年齡層橫跨幅度較大的班級。還有，既然都特地去到國外了，也希望各位別再和自己國家的同胞緊緊相依偎了。

早上學習外語，下午是自由時間，能充分享受外國生活。若覺得短期留學還不夠，還有去上專門學校或是大學的留學方法。此外，也有人不是單學語言，還想去學音樂或是繪畫的。

英國的牛津等英語圈，義大利的佛羅倫斯、德國的符茲堡，都是很方便、易於生活的城市，很多人選擇這些地方留學、居住。

還有一種情況是去實習，而非唸書。實習指的是為了積累特定職業的經驗，而在企業中從事勞動的期間。在日本，這樣的情況似乎很少，在歐美卻很盛行。我曾短時間在紐約體驗過聯合國的工作。剛來日本時也是在企業中實習，住在寄宿家庭。在海外也能工作的打工度假，我很推薦這方式。只不過時間只有一年，還限制在三十歲之前。

其他還有像是NPO或是志工的活動等，若是真的想居住在國外，方法有各式各樣。還有募集青年志工的模式。

說起住在外國，派任國外也是。若有這機會，請務必要利用。

偶爾我會聽說丈夫自己一個人單身去國外任職。或許是因為孩子學校問題等有各式各樣的原因吧，但如果可能，還是希望各位可以體驗和家人一起住在國外的經驗。家人間的羈絆會變強，這體驗也將會變珍貴、無可取代。

法國人的家族，若碰到了要去國外就職，大致上都是全家一起去。妹妹米雷耶也是因為先生派駐海外而在羅馬尼亞住了兩年、墨西哥住了三年。要是下次能派駐日本就好了。我打從心底想告訴妹妹一家人日本的許多優點。

我還曾聽過因為與外國人談戀愛而開始住在國外的。在一場驚天動地的戀愛之後，就追著戀人去到了國外。好熱情、好浪漫！可是若有其中一方太過勉強，就無法持續下去，會變成悲傷的結果，所以請先暫且停下腳步，兩個人仔細想清楚。不過，即便以失敗做收，這經驗仍算是個寶物。

發現、冒險、挑戰……。若有居住在國外的經驗，對人生來說，一定能加分。
請務必試著拓展自己的可能性。

會面地點是
「那棵聖誕樹前」

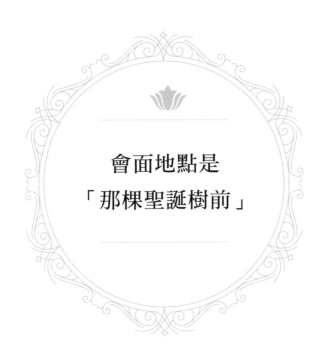

相約在浪漫的場所

不論是工作還是私事，會面的地點都很重要。決定會面地點是日常生活中的「小確幸」。

巴黎女人很擅長約會，因為巴黎市內到處都有繪畫。這也的確是原因之一。可是，並不是只有這樣。因為是自己要去的地方，所以會選擇能營造浪漫氣氛的美麗場所。

在巴黎，盧森堡公園入口右邊的長椅，是我固定的會面的地點。不只是和戀人，我也經常會和朋友或妹妹約在那裡會面。聖路易島的階梯下方也是我很喜歡的一個地點。

若是約在大街上，我會選擇展示櫥窗很漂亮的店、美麗的花園、有自己風格的咖啡廳……。打從會面起，連續劇就開演了。不論何時，浪漫的巴黎女人都不會掉以輕心。

和男友的會面地點，絕對不會選在速食店。

在日本，繁櫻盛開的季節，我會說「在〇〇站旁一列櫻花樹的座椅那兒見面吧」；聖誕節的時候，則是「〇〇飯店的聖誕樹前」等，選擇讓自己會感到開心的場所。

比如神樂坂，那兒有我喜歡的咖啡廳キイトス茶房（Kiitos Café）。咖啡廳距離十字路口很近，爬上樓梯，從大門那兒就會飄出咖啡的香味。牆上有一整片書架，中央坐位也用書架分隔，各自擺放著成排的書籍。這間店咖啡好喝，還有好幾種講究的混合花草茶。咖啡的香氣、老闆的氣質，讓整間店充滿人文氣息。由於常客很多，造訪時，常會有「我以前曾經在這裡見過這個人啊」這類情況。

好天氣的日子，我會選在飯田橋的「カナルカフェ」（Canal Café）。這間店雖位在車站前，但是開在護城河旁，所以能充分享受到自然風光。約在露天陽台座位見面會讓人覺得心情很好，但因為櫻花季時護城河旁的櫻花開得很漂亮，所以幾乎都客滿。

若是巴黎的咖啡廳，沒錯，我就會約在自家附近的「Café Delmas」與人會面。

從陽台座席可以眺望護城廣場（Place de la Contrescarpe），看著來往的行人，能感受到巴黎的日常。天氣好的季節，也可以約在巴黎市民的休憩場所盧森堡公園的噴水池前，大熱天或大冷天時則是街角的書店。我去英國時，因為免費的美術館很多，我都會和人約在喜歡的畫作前。

從等著對方起就能讓你興奮期待的場所，就是你的能量場。不僅能獲取能量，還會有「等一下似乎會發生什麼好事」的預感。為了自己的心情，作為當日第一步的會面場所是非常重要的。若能從好地點開始，心情就會非常好。

不過，若是約會，巴黎女人會稍微遲到些，這樣比較優雅。比起等人，幾乎所有時候都是被等（笑）。

我是旅人

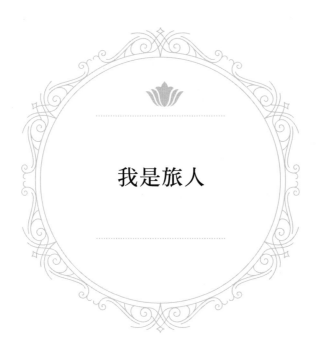

真正享受國外旅行的方法

有些地方我一年一定會造訪一次，其中之一就是柬埔寨的吳哥窟。我已經造訪那兒有連續十年以上了。走進被巨大壕溝圍繞的寺院中，觀賞以印度教敘事詩為題材的浮雕。走在參拜的道路上最先出現的美麗神殿也令我深受感動。在振奮我精神的同時，感官上也有強烈的衝擊性。

對多次造訪的我來說，就如同巡禮般，給我一種像是抵達Nirvana（涅槃：除滅煩惱火，通達智慧的開悟境地）的感覺。明年、後年，甚至在這之後，我應該都還會再訪。

大約五年前，我開始造訪古巴。對於熱愛革命的法國人來說，我們對革命家切・格瓦拉以及斐代爾・卡斯楚的生活方式都很感興趣。古巴是共和制國家。雖然與美國建交，生活水準卻依舊低下。

跟我居住的巴黎以及東京完全不同，古巴沒有網路，就算去購物也沒東西可買。

最近雖然有了超市，但貨架櫃上卻空空如也。前些日子，我去古巴度假時，把麥金塔電腦當成禮物送人，結果對方非常開心。可是，即便是物質不豐的國家，居住在當地的每個人都很和善。我深受他們心靈的富裕、幽默以及構築人際關係的方式所刺激。古巴人很喜歡大家一起同樂，打招呼很熱情，女性則穿著毫不吝惜大展性感身材的衣服。或許是因為拉丁美洲的氣候，街頭上流淌著音樂，人們則在道路上大跳莎莎舞，讓人感覺非常舒暢。可以讓人實際感受到從日常生活中的壓力獲得解放，自己正活著！

市街附近也有很多海灘，白色海灘與加勒比海的對照反差真是美不勝收。天空比我在巴黎以及日本仰望時更蔚藍。宛如明信片上的世界般。還有美麗的溪谷以及國家公園等，有著滿滿的大自然。

義大利也是我很喜歡的國家。我十三歲時第一次去到威尼斯，立刻就被街道的美麗所吸引。我很喜歡義大利語的音調，還有食物、跟義大利人開朗的國民性。以前曾經交往過的戀人曾說：「現在馬上去羅馬吧！」於是立刻帶我前往，讓我驚喜不已。今年度假時，我也和妹妹一起享受一場羅馬的小旅行。歐洲的大陸是相連的，所以能坐車去旅行，不用搭飛機就能出國。這部分或許和日本人的感受有所不同。

峇里島也是個能獲得積極正面能量的地方。那裡有著海洋、森林等豐富的自然，接觸到人們親切以及豁達大度的溫柔時，我似乎可以聽到自己所有的五感發出了歡喜的聲音。

當然，我很喜歡日本！日本的美麗之處，幾乎是數之不盡。我會找時間在全日本旅行。

一個人去京都時，我喜歡不決定路線隨意亂走。其中有名聞歐洲的建物以及世界遺產。其中，寺院的氣氛是唯有日本才能巧妙營造出的。侘寂中顯眼的朱紅色之美，不論看幾次都很令人陶醉。我也過金閣寺、龍安寺、銀閣寺，散步途中發現不知名的寺院時，那份興奮感真是無以言表！靜謐的氛圍、氣氛與自然，還有傳統共存。一個人靜靜度過的時間，任一切都難以取代。

還有溫泉。法國可沒有這麼棒的文化。因為法國沒有溫泉！我為了追尋溫泉而不斷進行小旅行。出入於被自然所圍繞的露天浴池，進行極致的排毒與心靈放鬆。

放空大腦，盡情享受溫泉。日本全國各地都有溫泉，還真是一個奇蹟啊。

另外，唯有日本有旅行列車。海景車廂等費盡心思設計的地方列車，是日本獨有的。或許日本人會覺得這很理所當然，但能在那樣大片的窗戶前欣賞景色還很安全，真是很厲害（笑）。

各位也多享受點小旅行吧！

散步，生活中戒不掉的小習慣

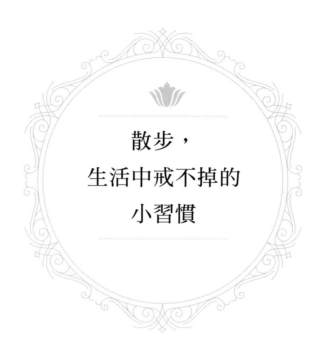

公園教我的事

對住在都市的我來說，最不可或缺的就是在公園度過的時間。

在日本，所謂的公園大多指的是有遊樂器材的小公園。在法國，用柵欄圍起來給小孩子玩的公園叫做「square」，庭園或一般公園是「jardin」，附屬於城堡的大規模公園叫做「parc」，而國立公園則是「parc national」。

對我來說，公園指的是大人們休閒、低語愛意的地方，主要指的是「jardin」。若是在東京，於工作與工作間的空檔，我會到皇居周邊、北之丸公園、日比谷公園的長椅上一個人悠閒度過。待在公園內，被許多自然綠意給包圍，就能獲得放鬆。我也會前往日比谷公園附近的老咖啡廳「日比谷サロー」（HIBIYASAROH，舊店名為日比谷茶郎），眺望眼前的花壇。

我最近有演出一個文化放送廣播節目《くにまるジャパン》（KUNIMARUJAPAN），錄影結束後，我會去舊芝離宮的恩賜庭園。雖然庭園周遭被高樓大廈包圍，但不可思議的卻能令人感受到自然。池塘周圍開著當季花朵……像是波斯菊或是繡球花等，都非常漂亮。

我偶爾會去六義園。早春的垂櫻、秋天紅葉的點燈很精彩美麗。我很喜歡走訪京都的小寺院，而這裡的公園則能讓我感受到京都的氛圍。

住在二子玉川時，我會在多摩川沿岸散步。

在巴黎，我則會去「Jardin du Luxembourg」（盧森堡公園）。這座公園是巴黎市民最熟悉的。大家會到那兒讀書、散步、下國際象棋、買附近三明治店的輕食去野餐……，將知名的小綠椅移動到自己喜歡的地方窩著。當然，只是坐在長椅上發呆也行。大家都會依各自的目的，愛惜地使用公園。

五區的「jardin des Plantes」（植物園）也是我很喜歡的一個地方。這個植物庭園是作為皇室藥草園而建立，雖然觀光客不多，但巴黎人很常在星期日來這裡散步。附近還有自然歷史博物館、古生物學館以及動物園。

沿著塞納河畔的巴黎聖母院、奧賽美術館散步，是我的固定路線。說起水邊，還有聖馬丁運河。這座運河現今還有船隻通過，是閘門式的河運水道，利用水位高低差讓船隻通行，很有看頭。可以帶著酒瓶和食物去野餐，繞著共和廣場一帶的兩邊有很多咖啡廳，去那兒坐坐很不錯。不過這個散步路線最近人變多了，感覺沒那麼悠閒自得了，有些遺憾。

散步、溜達，在法文中是「Promenade」、「Flânerie」。走路對大腦很好，在巴黎工作的時候，我都會在公園散步並與人會面。這樣大家應該就知道巴黎女人有多喜歡散步了吧？

花時間
接觸藝術

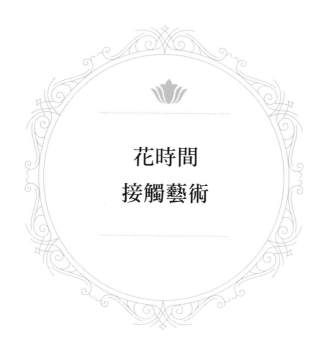

再忙，也要去美術館、電影院

巴黎是藝術呼吸之街。法國人很喜歡接觸藝術。

若被問到「現在龐畢度中心在展覽什麼？」大部分的巴黎人都能回答出來。甚至還能詳細解說內容給你聽喔。巴黎市民喜觀觀賞各種作品，對於文化藝術，大家都很確定自己的喜好，也都很有想法。

我是從小就經常和家人進出美術館。在巴黎市內有羅浮宮美術館、奧賽美術館、國立近代美術館等大型美術館，但我也經常會去展示有個性化作品的小美術館，像是居斯塔夫．莫羅美術館、羅丹美術館、畢卡索美術館……。

有一本叫做「Pariscope」的冊子，只要看這冊子，就能一目了然在巴黎舉行的美術館展覽會、活動、電影等文化情報，是巴黎市民的必需品。可是最近，使用網路搜尋的人增加，所以這冊子也面臨了停刊。這冊子對我父親來說是必需品，所以很令他困擾。

現代藝術展以及前衛舞蹈等，全世界都以巴黎為初演。好奇心旺盛的巴黎市民們會精神抖擻地出門觀賞。歌川國芳的浮世繪展同樣很受歡迎。

去美術館時，既能學習，也能接觸到美。能讓自己置身在不同於日常的空間，研磨自己的美感。我擁有羅浮宮美術館的會員通行證，所以可以優先且無限次數入館。若前來觀光，購入「巴黎美術館通行證」，就可以不用排隊，直接進入羅浮宮美術館以及龐畢度中心等。

巴黎人之所以很容易親近藝術，是因為音樂會、舞蹈、戲劇等都是過了晚上八點才開演。時間寬裕，足夠人們工作結束後前往。東京美術館或是其他藝文活動，人都很多、價錢又高，開始的時間早。

在東京，舉辦有很棒的展覽會。我最喜歡六本木的國立新美術館，喜歡建築物的氛圍。還有原宿的太田紀念美術館、上野的國立西洋美術館、東京都美術館等我都很喜歡。我對企業博物館也很有興趣。

位在東京中城的三得利美術館就像是飯店一樣；普利司通美術館（長期休館中）的收藏品數目很多；參觀出光美術館的展覽後，可以看著皇居悠閒打發時間；三菱一號美術館建築物看起來很時尚，由於位在丸之內，上下班的時候，很方便順道過去看看。

東京以外則有位在香川縣直島的地中美術館。佇立在瀨戶內美麗景觀中的建築物，是安藤忠雄所設計的。到美術館裡面的紀念品商店買些資料夾、磁鐵等小東西也很是很有趣的一件事。

我常去看電影。比起好萊塢大片，我比較喜歡能讓我深刻思考關於人類、人生以及世界的電影。我在巴黎常會去些小電影院。巴黎看電影的費用比日本便宜。開場時間有兩點、四點、六點、八點、十點五場，所以下班後，吃完晚餐可以去看場電影。

法國人在看電影時喜歡靜靜觀看，進入電影的世界。我都會找時間一個人去。看電影時，瞬間就會被吸進大螢幕的世界裡，讓人忘卻日常的電影能取悅自己。花兩個小時去另一個世界旅行，結束後大腦就會重新清空、歸零。簡直就像給自己的獎勵。

一間
常去的咖啡館

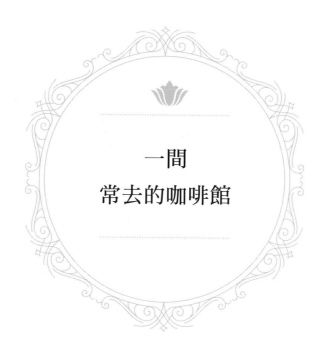

無法想像沒有咖啡的人生

對巴黎女人來說，無法想像沒有咖啡的人生！

巴黎街上所到之處都有咖啡廳。我喜歡坐在露台感受著太陽與自然的空氣，看著街頭行人。一個人時我會讀書、會寫稿、碰到寫作瓶頸時會慢慢思考。

咖啡廳是大家碰面、朋友間相互討論事情的地方。我記得自己還在上巴黎大學的時候，會在大學附近的咖啡廳點一杯咖啡，花好幾個小時與人交戰議論，即便咖啡都冷了。

一整天，你可以在任何時候，和任何人前往咖啡廳。上班前，簡單用個餐，再立刻前往職場，也可以花上好幾個小時，悠閒地喝一杯咖啡。這最適合熱愛自由的法國人。從面對街道、有著開放式露台的店面就可以知道，咖啡廳根本就是個開放的場所。

巴黎的男人、女人大多都會有常去的咖啡廳，例如在自家附近、職場附近、購物時順便會去的店家……等等。等待會面時若有時間，前往未知的咖啡廳也是一項樂趣。

我喜歡閒逛進未知的咖啡廳，若有時間，就會點份庫克先生法式三明治（麵包夾火腿以及起司，加上融化的奶油，用平底鍋燒烤的熱三明治），或是庫克太太三明治（在庫克先生三明治上加半熟的蛋）。我的論點是，能將這兩道菜都做得很好吃的店，菜單上的其他餐點味道大致都能滿足我。

對住在巴黎的人來說，從十九世紀起，咖啡廳就是重要的文化場所。在蒙帕納斯到處都是，尚保羅（Jean-Paul）以及西蒙波娃等作家，還有畢卡索等畫家夜夜集會、互相討論的咖啡廳。

其中最具代表性的就是聖日耳曼德佩區（Saint-Germain-des-Prés）的「雙叟咖啡館（Café Les Deux Magots）」。這間知名咖啡館是在鋪著石板路的廣場上，面對著教會，有許多觀光客。位在十字路口角落的，是有被拍成電影的「花神咖啡館（Café de Flore）」，這是間文學咖啡廳。在這間咖啡廳中，除了法國人，還有初次擔任男招待的日本人山下哲也先生。男招待有固定服務的桌位，客人點餐餐費中的幾%就是他們的收入來源。每次我去這間咖啡廳，都會坐在他負責的桌位。我們彼此都是日法的溝通橋樑，很有話聊。不過，這間老咖啡廳是非常有名的店家，觀光客很多，總是擠滿了人，所以我都是偶爾才去。

在東京，有許多連鎖咖啡店，雖然很方便卻沒有個性。在巴黎市內，最近雖出現了星巴克，但一般人還是會去傳統的咖啡廳。櫃臺的男侍者或站在店頭的老闆會和客人們閒聊。在常去的咖啡廳，他們會帶笑迎接著客人。男招待也會輕鬆地對客人說：「天氣真好啊」、「這襯衫的顏色真好看呢」。

對無法將咖啡與生活分割開來的巴黎市民來說，二〇一五年十一月十三日的巴黎恐攻給我們帶來了非常大的衝擊。因為在星期五的夜晚，坐在咖啡廳座席上，一如往常吃飯、放鬆的一般人被殺了。

從那天以來，巴黎市民經常會帶著「現在要是發生恐怖攻擊，要怎麼逃走」的警戒心過著日常生活。本該是在咖啡廳中自在度過的娛樂，卻變成了飽受威脅的情況。我不斷祈禱著，希望能盡早回復到不去在意這些事，可以自在生活的日子。

CHAPITRE
4

擁有喜歡的東西

Have somthing you like

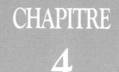

法國女人
購買時尚品牌

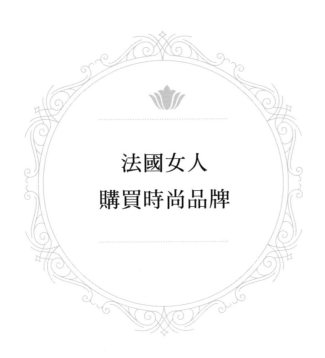

聰明購物

巴黎女人給人一種強烈的印象——時尚。在日本的雜誌中經常會看見「巴黎女人穿著風」這類特輯。巴黎既有知名的時尚設計師，也有巴黎時裝週，是時尚的重鎮，這是事實。

可是，巴黎女人重視的是自己的風格。對我們來說，被蓋括成是「巴黎女人風」是很出乎我們意料之外的。雖然巴黎女人經常留心要穿得精緻、講究，但我們絕非時尚愛好者，不會買不必要的衣服、追逐流行。日本女性擁有的衣服數量或許還比較多。可是我在日本時，看著街上行人，都會覺得很缺乏個性。看著走在一起的女性，不知為何，總感覺不論是髮型還是時尚裝扮都很像。

「簡約」是巴黎女人的概念。我們所想的不是從多樣的項目中挑選組合，而是如何在少量衣物中穿著。我們想表現自我風格，時尚便是達成目的的手段，是演示自我的一部分。

走在街上，自己會如何融入巴黎的景色中，會如何抓住人們的視線呢？我們意識到的不是「介意人們的目光」，而是「人們眼中所倒映出的自己」。

巴黎女人都在享受什麼樣的時尚呢？最近在巴黎很受歡迎的品牌是「Desigual」。其中，性感又多彩的洋裝很受歡迎，穿上身就覺得很有朝氣。這也是我現在最喜歡的牌子。

「KOOKAÏ」、「Et vous」、「PleinSud」則是固定的時尚。這是巴黎女人最喜歡的幾個品牌。個性派的「Lolita Lempicka」、「MaisonMargiela」、「vanessa-bruno」也很有人氣。

還有，若要說起巴黎女人風，那就是「混搭」，或積極加入休閒風。巴黎有幾個日本也很熟悉的品牌，像是「UNIQLO」、「American Apparel」、「H&M」「Zara」等。

還有我愛不釋手的「Christian Dior」、「Chanel」、「Yves Saint Laurent」，不過只限定在打折才會去買唷！

此外，成熟的女性們務必很講究的還有內衣。「Lingerie Valège」是兼備有女性風美麗的蕾絲與自在的貼身內衣，是我現今最喜歡的品牌。說起法國的國民品牌就是「Etam」，既便宜，品項又多，不只有內衣內褲，還有服飾。或許去過巴黎的人會知道，「Aubade」是高級內衣的代名詞，只要穿上那纖細又富魅力的內衣，女人味就會提升喔。

請務必要用符合自己風格的時尚享受人生！

話雖這麼說，巴黎女人不僅是對時尚，對許多事都很感興趣，所以不會把錢全花在衣服上。而我們選擇服飾的重點在於：

1. 價錢

瞄準夏天與冬天，一年兩次的拍賣時期。尤其是名牌，在拍賣中可以低價買到高價品，還有打到三折的品項，所以第一天就會出現互相爭奪的情形。巴黎女人不會只把錢花在衣服上，所以去拍賣會場前會先決定好額度上限。雖然也有人會使用卡片，但使用的方式不是一般信用卡，而是即時支付的卡片。因為不是先消費後付款，銀行戶頭裡的餘額若不夠，就無法購入。

我身上穿的衣服幾乎都是在巴黎買的，但我也會去日本 agnès b 以及 ISSEY MI-

YAKE的拍賣會。

2. 一見鍾情

散步時，或是去工作時，明明沒有預定要買衣服，卻對某件衣服一見鍾情。在巴黎，不用進去百貨公司或時裝店，在路邊就有很多店面，有時突然看到櫥窗展示中的商品真的很喜歡，就會試穿、買下，促成一段與閃亮服飾的美妙邂逅。碰到一見鍾情的服飾，好像就會說不出話似的，在要不要下手中猶豫，想說之後再來買吧，結果就被買走了……要是變成這樣，可是會令人非常後悔的。

3. 一定要試穿

購買前一定要試穿。只是拿起來在身上比比看，或只看模特兒穿，是不會知道實際效果的。若有中意的服裝，就算有十件也要拿去試衣間試穿看看，還可以享受試穿的興奮感。看著鏡中的自己，如果突然靈光一閃，想著「還不錯～」，那就買吧！如果沒有，當天就不要買。下手前先看看自己穿起來的樣子，可以少花很多冤枉錢。

我經常會和店員交談，參考他們的意見。如果你沒有試穿的習慣，以後請一定要嘗試看看。這是為了避免回家實際穿上身，才發現「討厭！和想像的不一樣！」

最近巴黎出現秤重賣的二手精品店，這種店也稱為「KILO SHOP」。店裡陳列有舊衣服、小東西以及裝飾物，對喜歡在偶然的機運下買到珍品的巴黎女人來說，似乎很受歡迎。該店店名為「Kawaii」（日文「可愛」的拼音）。最近，法國經常會使用「可愛」這個詞語。很有趣吧？

此外，最近在年輕人之間流行的是「時尚部落格」與「時尚YouTuber」。我們年輕時是參考時尚雜誌，而網路世代則會追蹤自己喜歡的網路紅人，參考他們的推薦與穿搭。

時尚的玩心
具有自己的風格

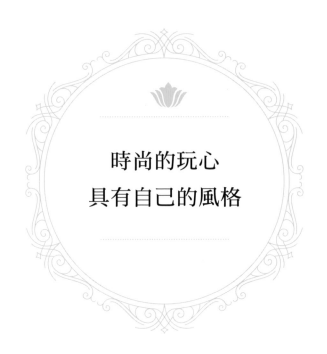

畫龍點睛的飾品

巴黎女人很喜歡玩樂。在使用飾品上有沒有玩心也能看出一個人的品味。

即便穿著簡單、基本款，利用喜歡的飾品做搭配組合，也能展現自我。不花錢就能享受時尚正是法國風。同一件衣服，使用不同的飾品即可讓感覺為之一變。簡單的襯衫配上牛仔褲，再加上披肩或是飾品，能展現屬於自己的風格。

髮型隨當日穿著變化，還有許多種類的髮帶與髮夾喔。領巾不只可以圍在脖子上，還可以當成頭巾，或是綁在包包上。我也很喜歡太陽眼鏡。

我每一天都會配戴飾品，而且我喜歡感受那種不協調感，所以會試著將在巴黎買的大珠寶配上在原宿店家買的如玩偶般的耳環。將在UNIQLO買的最新洋裝混搭奶奶給我的耳環，這是屬於我風格的時尚。

若能展示自我，即便是在地攤買的五百日圓耳環、手作串珠戒指都能搭配。最近我將在伊勢丹買的高級項鍊，與在古巴買的、配色豐富多彩的項鍊一起戴上身，自己覺得很開心。不是只有高級品牌的珠寶或是高價的寶石才能讓女性發光！只要穿搭自己喜歡的物品，即便那不是寶石，即便那不是高價物品，也能擁有好心情。

我喜歡在中指戴上大戒指。這會讓我一整天心情都很好。若是被人稱讚說「這個戒指真漂亮啊」，更會讓我心情高昂。最近，「Morganne Bello」在日本開了一號店。這間店在法國有很多粉絲。使用18K金與二十種彩色天然石的簡單設計，非常漂亮。我有這間店成套的戒指與項鍊。

我還喜歡大點的項鍊。我從習字筆用的筆架獲得靈感，請朋友幫我做了項鍊架，把項鍊掛在那兒。能吊掛好幾支筆的筆架正適合用來掛項鍊！能快速選擇要掛哪條項鍊，所以我在巴黎家中也很愛用。

「我不想被時間限制住！」這樣想著的我過著沒有手錶的生活。可是自從開始工作，因為是自己的責任，為了確實遵守時間，必需要買手錶。現在，我有一個LONGINES（浪琴錶）的高級手錶，長時間下來都很珍惜地用著。我還有其他幾支充滿玩心的手錶，搭配當日的時尚來配戴也很有趣喔。

巴黎女人也經常會看其他人使用的飾品，若覺得「真不錯啊」，就會互相吹捧。

可是，巴黎女人不會堅持用名牌，所以不太會出現像是「這真好看啊。是哪家名牌的？」這類談話。

「那真好看呢。」

「對吧？之前我在古董店找到的。」

會像是這種感覺。

便宜又有個性，以及有趣，才是最重要的！

試著把可可香奈兒之魂穿上身

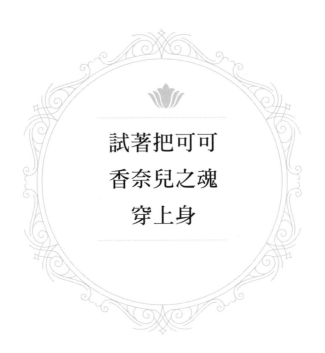

黑色小洋裝

想一直擁有自己的風格，想展示自我。巴黎女人每天都會花時間在時尚打扮。可是有的時候，不想把時間花在決定要穿什麼衣服上。

在這樣的日子中，乾脆直接穿上洋裝吧，三秒決定好造形，真的很方便。巴黎女人有很多件黑色小洋裝。在法國，說起洋裝，包含連衣裙，統稱為robe。

黑色小洋裝很簡單，有各式各樣的長度，從迷你裙到長裙都有。要怎麼展現腿部，對巴黎女人來說是當日時尚的一大重點。即便是八十歲的夫人，也很在意如何展現極具魅力的雙腿。

法國在二十世紀初，首次出現簡潔的黑色洋裝，稱為petite robe noire（香奈兒小黑裙）。這是可可香奈兒所精心製作的時尚。誠如其名，指的就是全黑、很少裝飾的洋裝。此前一直被視作是喪服的黑洋裝，被可可香奈兒改造成了時尚單品，讓法國國民瞬間為之驚艷。可可香奈兒本人也很喜歡讓大家感到驚喜。

黑色小洋裝適用於各種場合，像是派對、商務、約會等，從正式到休閒場合都適用，很是方便。凡是巴黎女人，每人都人手一件，我也有十件以上呢。

最近因為法國風潮，日本女性似乎也把黑色小洋裝當成了時尚單品，真是令人高興！

法國小洋裝正因為簡潔，才有展示的必要，可以趁此試試看自己的穿搭技巧。

正因如此，搭配飾品、皮包、鞋子……能有無限多種搭配。脖頸到胸口的呈現方式也很重要，平常一定要好好保養。簡潔的黑色小洋裝，反而更能夠表現自我風格。

內衣
使你取回自信

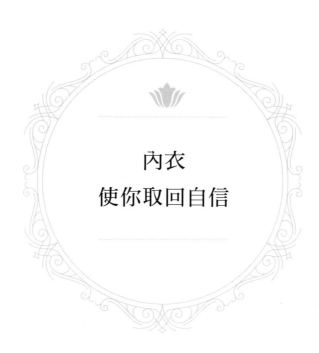

機能性內衣與女用貼身內衣的不同

對你來說，內衣有什麼意義？我聽過日本有「勝負內衣」這句話，那麼不用一決勝負的日子呢？

法國人在選擇內衣上很熱血，總是會穿著優質的內衣。即便是T恤配上撕破牛仔褲，還是要穿上性感內衣。在女用內衣店經常能看見情侶們一起選購內衣。

不是用機能性來選擇內衣，而是以「自己穿上後是否會有好心情？」為標準。巴黎女人們不會有「反正看不到，怎樣都可以」的想法。也不會穿調整體型用的硬梆梆矯正內衣。那種難以脫下的內衣更是令人無法想像！那簡直就跟鎧甲一樣。男人陪著女人一同行走，不經意間碰到女性背後卻發現是硬梆梆的堅固物時，應該會嚇一跳吧？

內衣是為了要滿足自己心情的必需品。為此，每天都要穿著勝負內衣。我總是會穿著不論何時被誰瞧見都不會覺得不好意思的內衣。

「我今天穿的內衣很見不得人……」若以這種心情出門，不論做什麼都會感覺沒有自信。但若穿著性感美麗的內衣，即便沒有機會給誰看，也能一整天堂堂正正，抬頭挺胸。穿著優質內衣的妳，所展現的自信，也會傳達給周遭的人。我是這麼認為的。

每當感到壓力，我會跑去逛內衣店。基本上，即便是精力旺盛的我，也會有沮喪、身體不適、為工作煩惱而有壓力的時候。

這時候，只要看看展示櫥窗內展示的精緻、豪華設計的內衣，我的心情就會變得正向。打開大門走進店內，被色彩多樣的內衣包圍並伸手觸摸時很令人陶醉。回家後，我會穿著新買的內衣站在全身鏡前，看著穿著內衣的自己，找回自信。

「我才不想用全身鏡來看自己的模樣呢！」

別說這種話，不必在意胸部的大小或是腰圍的胖瘦等。看著鏡中映照出的自己，穿著喜歡的內衣心情就變得高昂起來。「每天都要打扮得漂漂亮亮」用這樣的心情重整心靈。

妳應該要穿著性感又豪華的內衣，再更多地重新認識自己的魅力！除了可以把錢花在外表看得見的服裝上，我也極力建議大家要試著投資在女用內衣上。

在法國，情侶們一起去女用內衣店是很正常的。也有男性會為了幫戀人買內衣而前往內衣店。內衣是最得女性歡心的禮物。我以前交往過的戀人也曾送過我內衣當禮物。即便舊了，即便尺寸改變了，我也沒有丟棄，仍珍惜保留著。

首先試著抬頭挺胸地去買內衣吧。確實選購適合自己體型的內衣。覺得麻煩，連試穿都沒試穿就利用網路購物購買可不行。

內衣不是為了吸引男性注意一決勝負用，而是為了與活著的每天決勝負用的！

對女人來說，皮包就像是裝飾品

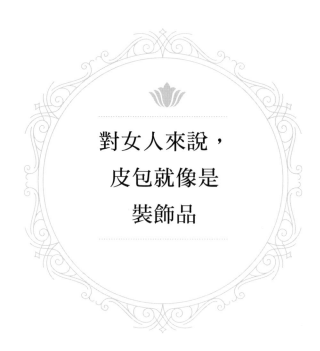

在皮包中裝滿夢想

對巴黎女人來說，皮包是一個重要的裝飾品。法國有 CHANEL、LOUIS VUITTON、HERMÈS、LONGCHAMP、LANCEL 等知名品牌。

可是買皮包的時候，我們的選購方式不會因為是名牌就買，反而重視設計與用法。

幾年前，我和朋友走在巴黎街頭，她曾問我：「為什麼日本人這麼喜歡那種款式的皮包呢？」那種款式是哪種？我一看之下發現朋友說的是印有 VUITTON 押花字的皮包。的確，那時候幾乎所有的日本觀光客人手一款。

我的巴黎友人歪著頭說：「我雖然喜歡顏色豐富的 VUITTON 皮包，但那個有咖啡色押花字的皮包還真是……。」

我也是完全不能理解日本人、中國人的押花字皮包風潮。是因為流行就非得要有一個嗎？但大家都拿同樣的東西就沒個性了呀。而且就我看來，押花字皮包比較像是上了年紀的人會拿的設計品。為什麼年輕世代的人全都人手一個呢？真是很不可思議。

巴黎女人大致都有一個 CHANEL、HERMÈS 的包，但也很喜歡 FENDI 或是 GUCCI 等義大利名牌包。但很多沒牌子的義大利製皮包，皮革質地都很好。

有個品牌我現在很感興趣——利用柬埔寨蚊帳為布料而製成的義大利設計包包。這是柬埔寨向世界展現的回收品牌「SMATERIA」，一針一線都是在當地手作，色彩多樣，設計豐富，現在很受日本關注。從生產者的立場而言，是為了能為柬埔寨社會做些貢獻。

我在東京設計週，賣了一個年輕泰國設計師做的包包，很有原創性也很耐用，我一眼就愛上了。因為想著要是錯過現在這個機會，之後就買不到了，於是當場買下。

對女性來說，皮包塞滿了各種代表自己身分的東西。書、筆記、文具、化妝包……我的皮包總是非常重。我為了想減輕負擔而試著換成小包包，結果還是塞得滿滿的。不只我，巴黎女人的包包都比日本人還要大。若是又小又可愛的包，根本放不下攜帶物品啊。

在東京，若有宴會、派對，我會帶著小皮包，但在來會場前都是拿著大包包。從工作的地方直接去派對現場，會在會場更換衣服、鞋子、飾品等。我會將大包包寄放在櫃臺，改拿小包包。

我經常使用的皮包是黑色、灰色、咖啡色等容易搭配的顏色，但也有許多色彩鮮豔的包包。

旅行時我喜歡用一個紫色的包包。它很柔軟，不用時還可以折疊得小小的。

實用性的包、個性化的包、讓人一見鍾情的包……。我很期待能在法國、日本以及旅行的國家中和各種包包邂逅。

手寫夢想
的吸引力法則

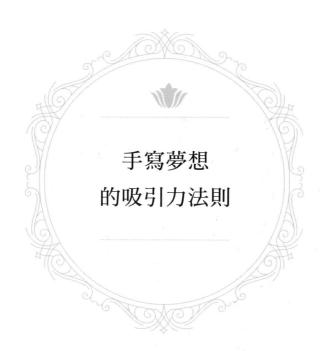

筆記本與筆

筆記本對我來說是非常重要的物品。突然想到什麼的時候、想試著做做看的事，還有想做卻還未做到的事，我都會寫在筆記本上。

重要的是「手寫」。若是用電腦或智慧型手機輸入，那就沒有意義了。要用自己的手，寫出自己的話。

想在國外生活、想擁有自己的房子、想開家庭派對、想專心寫作、想將巴黎風融入日本傳統的家中……，我寫在筆記本上的事，大致上都能實現。這麼一來，又會延生出下一個夢想。

關於工作、想見某人、想報導那個活動、想將擱置的企劃寫成具體的書……等，我會將心中的想望記在筆記本中，這麼一來，目標會更加明確。思考實現目標的方法，與人商量討論，在這過程中之中，就會吸引夢想，展開實現的道路。

關於假期也是如此。在筆記本寫下今年想去哪個國家，比如為了旅行要請幾天假、要訂多少預算、邀誰同去……等等，只要寫下來，這些事項都會漸漸具體化。

在一月和九月，從東京飛往巴黎的飛機上，我會在筆記本中寫入「在東京還剩下什麼事沒做」、「在巴黎應該要做的事」，從巴黎飛往東京時則會寫下相反的事項。

筆記本當然是挑我喜歡的。我很喜歡日本的筆記本，百圓商店中很多可愛的筆記本。撰寫《任性與優雅》這本書時，我是用 Hello Kitty 的筆記本。

每當看到筆記本，在我心中的小女孩就會發出喜悅的聲音，我總是帶著玩心來選用、觀看。

我愛用的文具同樣是日本製。我曾經在三菱鉛筆實習，我還記得那時自己驚訝、感動於三菱公司為了做出更好的文具，而日夜開會進行腦力激盪。Uni-ball 在法國也很有名。

現今是網路的世界，手寫筆記是為了鍛鍊大腦。而且手寫下的一字一句都有價值，有著真心誠意。我在朋友或家人生日時會送生日卡。自己在選擇漂亮卡片時也會興奮不已，對吧？我會在手寫卡片上，寫下飽含情意的字句，並不忘灑幾滴香水。

妹妹米雷耶會送我生日卡片，收到滿懷心意的卡片很令人開心。從戀人那兒收到的情書當然也是寶物。

總之我很喜歡書寫，會把想法化做語言，寫入喜歡的筆記本中。這是多麼令人感到開心的時刻啊！

房間裡
充滿喜歡的物品

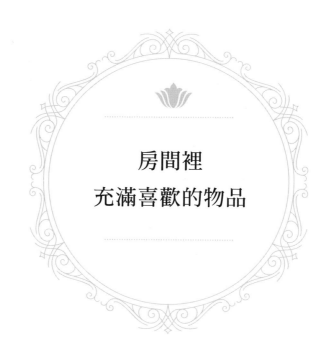

室內裝飾走混搭風

法國人所擁有的都是自己喜歡的東西，對於家具很講究。法國人會巧妙混搭現代與古典、設計師品牌以及在跳蚤市場買回的物品，打造有自我風格的空間。

最近在日本，新開了許多家具雜貨店，能以親民價格買到大型家具，像是IKEA、THE CONRAN SHOP、IDéE SHOP、無印良品等。可是，大家都一樣，很無趣。若想發揮個性，跳蚤市場以及古董市集是好地方，推薦大家去那裡逛逛、看看。

我在巴黎的家，公寓本身的設計很獨特，是屬於複合單位的住宅，有樓梯以及樓梯井，在室內裝飾上不需要玩什麼花樣。不過，因為是現代公寓，所以我也很樂於用古典風格的椅子來混搭。

我還打造了一間二疊榻榻米大的和式空間，用日本的衣櫥做裝飾。並從日本帶來茶碗跟酒盅，享受喝喝抹茶、焚焚香的日本氣氛。因為空間小，所以是外甥以及姪子從小就喜歡的遊樂場。在矮飯桌上喝著茶、抬眼上看，觸目所及放著我祖父母留下來的法國製家具，真是別有一番風味。在法國，我們不會丟棄家具，而是會感受著寓於家具中的職人靈魂以及使用者的靈魂而生活。

日本與法國，古典與現代，互相對照反差非常有趣，因此我非常滿意自己的房間。

我在東京的房子雖是租的，但我和房東商量，獲得許可，在廚房做了一個木製棚架。那是我拜託專家訂製的棚架，用來擺放酒杯。

採用間接照明，時尚感瞬間增加十倍

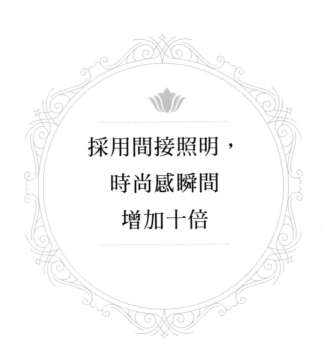

燈光效果營造氣氛

法國人很喜歡沐浴在自然光下。就算是待在家中，也會充分享受自然光灑入的時間，一到了夜晚，則會使用間接照明。

日本的燈光以螢光燈居多，但我覺得街上的照明過於明亮。我不太喜歡螢光燈的光。讀書或是工作的時候，雖然需要亮一點的空間沒錯，但螢光燈的白光對眼睛來說太強烈了。而且女性在間接照明下照出的模樣看起來也比較漂亮。

此外，在還沒有電燈的時代，西方為了照亮房間、消除陰暗而費盡心思，日本則反過來巧妙利用陰暗。谷崎潤一郎曾在《陰翳禮讚》中論述到，日本文化之美正在幽暗中，但今天的日本卻明亮過頭了。白色的光沒有情調；和紙光罩的燈盞則非常有風情，所以我希望日本人能重視幽暗。

世界級的雕刻家野口勇，歷經三十五年，創造出各式各樣形狀的燈飾，他所製作的燈飾在法國很受歡迎。其中有一種燈飾，不用一般竹篾，而是用折疊的和紙，在光照中會透出陰暗的縐折，我超級喜歡。還有懸吊式的燈具、落地燈，都很漂亮。

我家中還有友人送給我的手做和紙燈。

法國人會藉由間接照明讓房間展現各式各樣的氛圍。光照到牆壁或天花板時的反射，給人一種柔和、平穩的感覺，還有放鬆的效果。與直接照明相比，間接照明對眼睛比較好。就寢前，比起使用直接照明，間接照明會比較好入睡。

與戀人一起躺在床上時，也可以有效使用間接照明。陶瓷燈的花紋會照映在牆壁上，能提高臥室性感的情調。

成為香氣女性

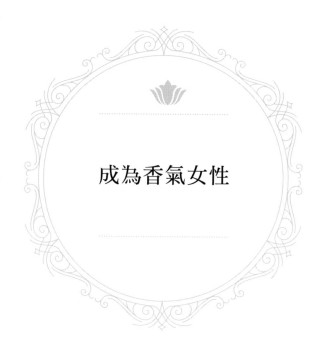

撼動大腦、身體與心靈

來往於各個國家，在機場降落時，我首先是藉由「味道」而實際感受到「啊～我回巴黎了」、「是久違的日本啊」。每個國家的味道完全不一樣。不僅會因四季而不同，而且晴天有晴天的味道、雨天有雨天的味道。

走在街上，有著咖啡香、從餐廳飄出來的食物香氣，還有蕩漾著季節的花香。在我所居住的神樂坂，上坡途中有一間茶屋，我很喜歡路過這間店時從裡頭所飄出的焙茶茶香。

我認為，五感中嗅覺是最重要的。我在巴黎的自家會點精油蠟燭，在日本則會焚香。洗完澡時，我會擦身體乳液，乳液有香草、薔薇、櫻花香等不同的味道。和異性碰面時，偶爾會在腦中閃過「我喜歡這個人的味道」這樣的想法。

對這樣的我來說，香水是必需品。化完妝後若沒有擦上香水，我是沒辦法出門的。日本女性和巴黎女人相較，不太有擦香水的習慣。可是，要不要試著享受為了找出「自我風格」而挑選香水的樂趣呢？

首先可以利用試香紙，試著找出幾個喜歡的香味，接著再擦在自己身上，不是擦在試香紙喔。雖然塗在試香紙上很香，但擦在有體溫的皮膚上，會起什麼化學反應卻不知道。好比妳試著買了朋友擦的香水，但擦在自己身上時卻覺得「好像有哪裡不對」。

試擦時可以擦在身上有脈搏跳動的部位——最好擦在手腕內側。如果可以，擦上後可以等一個小時左右，以確認是否適合自己。

適合自己的香水，會在不知不覺中成為你個性的一部分。

讓香水漸漸變成自己專屬的香味，可以把「自己的風格」擦在身上，這就是香水的魅力。我覺得，比起香料比例較多的香水，日本人擦香精濃度較淡的淡香水就剛剛好。

我會因應季節變換香水。穿衣服前會擦在脖頸到胸口的部位，穿好衣服後則會把香水灑在手腕上。手腕上的香水是為了自己而灑。在移動途中或是與人會面時，聞到手腕的香味，我會沉醉在香氣中，或是能打起精神來。也有人會擦在頭髮上，但我不會。在十九世紀的法國，則會把香水灑在手帕或信紙上。

一整天下來，我早上是擦工作用的香水出門，到了晚上，香味消失之際，再換夜晚派對用的香水，我很樂在其中。在法國，依不同時間、地點、場合選用香水，是一種禮貌。

寶物
是我的護身符

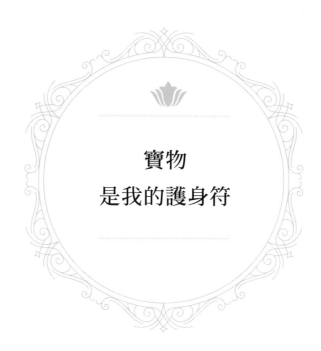

無可取代之物

某件物品的價值只有自己知道，那就是寶物。

或許這就和心底最柔軟、溫暖、溫柔的東西相同。

請回想起孩童的時候，各色的串珠、布匹碎片、人偶的衣服……。或許有些東西還會讓你覺得「為什麼會是這些？」

我的寶物是以祖母為模特兒的雕刻。我最喜歡的祖母，一直到九十九歲仍舊貫徹獨居生活，但她在幾年前過世了。當時，我繼承了刻有祖母容顏的雕刻。每次看著雕刻，與祖母間的各種回憶就會復甦。這是專門連結我與祖母間的特別之物。

或許其他人看了會覺得疑惑「那是寶物？」正因如此，對我而言，那才是寶物。我將它放在巴黎的家中珍惜地裝飾著。

其他寶物，包括日本朋友做給我的茶碗，其他陶瓷器、漆器、竹器……我經常傾心於日本食器之美，但朋友做給我的茶碗是世界唯一的寶物。還有跟我生日同年的葡萄酒。

從前戀人寫給我的情書以及一起拍的照片、禮物，會因人而異有著極為不同的處置方式。有人或許會因分手而丟棄。至於我，會捫心自問「該怎麼處理過去的關係呢？」我重視「當下」，但也珍惜「回憶」。像是戒指等會戴在身上不離身的物品，都是我的寶物。正因為我是過著簡單生活的自由人，寶物的存在更像是護身符一般。因為那些全都充滿了回憶。

無形的回憶，也是寶物，我會收藏自己內心的小箱子中。偶爾，曾和過往戀人交換過的甜美話語會在心中復甦。旅行的風景、工作上的經驗、日常的瑣碎以及某個場景……。這些全部，都造就了現今的我。

物品的靈魂
來自時間和使用

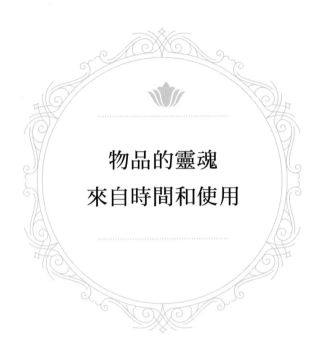

珍惜物品

法國人所受的教育，必須好好管理金錢。小時候，我會裝可愛撒嬌，死乞白賴：「我想要那個啦～拜託～」，還會整天動腦筋，想著要怎麼獲得零用錢。

法國人非常穩重踏實，懂得怎麼用最少的錢過得奢華享受。而且法國人非常珍惜使用物品。

我剛來日本的時候，對於路上有那麼多大型垃圾很驚訝。還能使用的東西被丟在路上，我想，那多麼浪費啊。日本或許是收到美國資本主義的影響，有很強烈的傾向會立刻購買新物品。一旦電子產品或是家電製品故障了，連修都不修，會立刻買新的。對ＤＩＹ沒什麼興趣。

但是，法國人很珍惜物品。手機、電腦、家具、衣服、廚房用品……。使用的物品會一直長時間使用到無法用為止。若真的要丟棄，一定會先檢查能不能修理。修理、回收，還有尋找其他用途。法國人很擅長這麼做。

法國的街角處設有很大的回收箱，不穿的衣服會往那兒放。因為大家都想，有別人會珍惜地穿這些衣服。

我很珍惜地使用從祖母那裡得來的衣服以及家具。不論是時尚還是家具，流行都是不斷重複的。老舊的東西或許某天會成為最新的流行。日本也是，從前會重新縫製和服，長時間珍惜穿用。若是壞了、不穿了，別立刻丟棄，試著重新檢視，若能養成這樣的的習慣，不也很好嗎？

在古巴，人們大多會把心思花在生活上。想要裝飾美麗的花朵卻沒有花瓶，既然如此，就剪開保特瓶做裝飾、當成花瓶。他們很擅長修理與回收。比如手機，壞了就自己修理，持續使用。車子壞了也可以自己修理。五〇年代的美國車在古巴街上到處跑，但一打開引擎蓋，機械零件不是豐田、現代就是飛雅特。即便如此，車子還是能開。我真是驚訝於他們的思考力以及巧手。

我現在私下仍會使用加拉巴哥手機*。

有人問我：「為什麼不用智慧型手機呢？」

但我反而想反過來問他：

「為什麼非得要擁有最新的東西呢？」

既然沒壞，就珍惜使用。這就是我的態度。

*註：指日本傳統手機，專在日本國內使用，無法在海外普及。加拉巴哥為一群島名，因與陸地隔絕，島上物種多世界獨有。在商業中，便以「加拉巴哥化」來指稱在孤立環境中獨自開發，卻不敵外來商品而慘遭淘汰的現象。日本傳統手機就是代表性例子。

不論年紀多大
都要穿著
喜歡的顏色

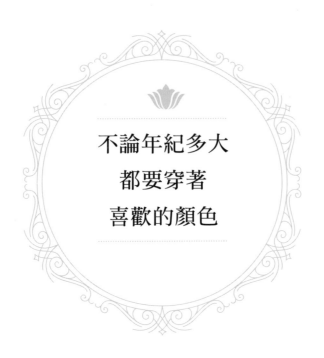

讓顏色的力量成為助手

你喜歡什麼顏色？決定服裝與飾品時，顏色非常重要。你可以用自己喜歡的顏色為基調來決定整體的搭配，若是有顏色你覺得不適合自己，卻被人說：「這顏色好適合你喔」，也要好好記住。

關於室內裝潢。牆壁的顏色、地毯的顏色若統一成喜歡的顏色，每天就都能住得開心。我在前面曾提到，我在東京租的房子無法漆上喜歡的油漆顏色，因而感到很遺憾。

我的名片、網站 logo、巴黎的臥室都統一混用紫色、粉紅色，以及波爾多紅酒的顏色。這些都是我最喜歡的顏色，很女性化、有個性，讓我感覺心情很好。因為是自己決定的顏色，周遭的人也說很適合我。

衣服與飾品也可以「玩」顏色。可以試著統一披肩跟戒指的顏色，或把小黑洋裝搭配一個重點的深藍飾品。在指甲彩繪或鞋帶的基本配色上加一點鮮豔的顏色也很有趣。相反地，若一定要擦上特別色指甲油出門的日子，我會選穿典雅的服飾。還有，我若偶然看到喜歡的設計服飾、鞋子或皮包，會一次買齊同款不同色的。

至於妝容，我會依早上起床的心情來決定今天彩妝的基本色。紅色、紫色、藍色、白色、黑色、綠色、米色。大致上會依自己那天想用什麼風格見人來選擇。若在工作上有重要的展演，想讓自己看起來是能幹的女人，我會用稍微強烈一點的顏色。和大群女性朋友聚會、想發揮個性，會用特別的顏色。約會的時候會選用最適合自己的顏色。我會依照每一天的不同，將自己想展現給人看的部分色彩化。顏色也會影響到精神。

有人會讓調色師來判斷適合自己的顏色，但瞭解自己的畢竟還是自己。雖然參考旁人的意見很重要，但不要太過在意。

日本歌舞伎或是和服的世界中，會使用很多鮮豔的顏色，但在服裝上卻很樸素。在派對上，多數日本女性會穿著米色或淡粉紅色的樸素洋裝。對於這個現象，我身邊的歐洲朋友也感到很不可思議。

最有問題的是上班族！大家看上去全都是同樣的黑西裝。我在很多地方寫過，我剛來日本時，看到從斑馬線對向走來一群相同打扮的上班族軍團，我為此感到驚訝不已！巴黎的上班族在西裝、襯衫、領帶的顏色上都會發揮自己的個性，為什麼日本卻都是深藍色跟灰色？

還有日本較年長的女性，大家都習慣穿著同樣樸素花色的衣服。淨是選用安全色，不無聊嗎？這跟年齡無關。若是喜歡粉紅色，就穿粉紅色啊。

「因為我已經不年輕了。」

請停止這種反射式說話的習慣。當然，我們是該選擇與年齡相當又有品味的、具有設計感的衣服，但也可以選用自己喜歡的顏色。在玄關放置等身大的鏡子，檢查整體搭配，若自己能滿意，就帶著自信出門。

「我喜歡這個顏色！」請找出能讓你抬頭挺胸這麼說的顏色吧。

語言的力量

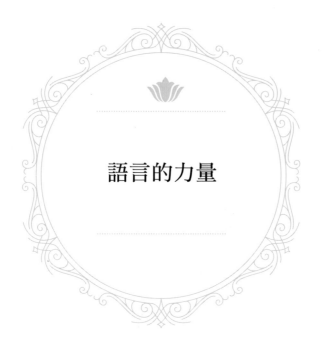

最喜歡的一句話

我最喜歡的一句話就是「Liberté」，也就是自由。我在演講的時候也都一定會在某處使用這句話。

法國的口號是「Liberté, Égalité, Fraternité」，自由、平等、博愛。在法國的憲法中有寫明，對法國國民來說，這三者是一定得遵守的理念，且受到重視。

語言中有靈魂進駐。語言的任務很重要。若經常使用「謝謝」或「好開心」等正面積極的話語，整個人會看起來很有精神；相反地，使用負面消極詞語的人，不論是多麼氣派有地位的，姿容也都不好看，一點魅力都沒有。

我經常會寫信給重要的朋友以及戀人，不論是嘴裡說出的話還是寫出來的詞語，語言所擁有的力量都很強大。我若是碰上喜歡的詞句，就會寫在筆記本上，並時不時地打開筆記本，獲取能量。裡頭也有我從以前就很喜歡的俗言俚語。之前出版的《巴黎女人流：美麗人生的秘密》（暫譯，パリジェンヌ流美しい人生の秘密）這本書，集結法國女性的名言。

你有喜歡的一句話、俗言俚語或是詩嗎？如果無法立刻想到，在看書、聽歌、看電影時，請務必要試著寫下牽動你心神的語言。被這些語言所散發的力量包圍時，心情會變得平穩，更能獲得勇氣。

語言的意義很重要，說出口的聲音也很重要。Baudelaire（波特萊爾）、Rimbaud（韓波）、Prévert（普維）……。閱讀詩的時候，心情會變得非常好。不論是在巴黎還東京，我都一定會把喜歡的詩集放在手邊。我在擔任講師的法語講座中，會和學生一起朗讀詩。

日本的俳句很有趣。松尾芭蕉在法國很有人氣。在短短的語句中表現出人生瞬間的句子很棒。閱讀俳句，能更加理解日文。

我很喜歡聽人說漢字的由來。我最喜歡的漢字是「心」還有「愛」。

我會說六國語言。打電話給法國朋友時也會用日文說「もしもし？」用西班牙文說「Hola!」打招呼。我會用英文問「busy?」用法文聊天，最後用德語說「Tschüss」（再見）。我會在各種情況下混用各國語言。雖然一開始會讓人大吃一

驚，但大家漸漸會覺得有趣，最近，法國朋友打電話給我時，也會說「もしもし？」

我很喜歡幽默以及玩文字遊戲。法國人全體都喜歡帶有一點諷刺性的玩笑。我曾在日本看過落語跟漫才，對我來說，還是稍微機智一點的比較好啊。

法國人自小就被教育要能說出自己的意見，是喜歡議論的民族，但法國人也很講究使用語言的方式。

若是戀人，彼此不會只稱呼對方的名字，而會使用「我的愛人」或「我的寶貝」這種稱呼方式，每天都會呢喃愛的話語。法國人經常讚美人，不只會讚美朋友，還會讚美職場同事以及咖啡廳男服務生的服裝。與戀愛有關的甜言蜜語以及關於日常生活的讚美語，聽著就不會讓人討厭。要是大家聽了，能開懷大笑就更好了！

首先從你自己開始，不斷發能變成正向能量的語言吧。這麼一來，周遭也會改變，你會一直被幸福包圍。

後記　「喜歡」決定一切

製作人生的索引

所謂的活著，如同製作人生的索引。

做喜歡的事、和喜歡的人在一起、去喜歡的地方、擁有喜歡的東西。這些全部都會成為你人生的索引。

做喜歡的事的時候，會漸漸喜歡上自己，變得有自信。

我就是我——Je suis comme je suis.

年齡愈長，必需得注意人情與世人眼光的事項就愈多。但若是有自信，就可以想著「自己這樣就好」而變得堅強、不去在意他人。日本雖是個很棒的國家，卻稍微有點拘束。如果能再稍微放鬆些、再柔軟有彈性些會更好。

「以自己的風格活下去」明明是理所當然的事，但在日本卻稍顯困難。然而，微小的勇氣將能成為極大的自由。為了能以真實的自我活下去，這份勇氣是必需的。

偶爾也可以任性一點，憑個人喜好來做決定。

「因為喜歡，所以想做。」

「因為討厭，所以不想做。」

這樣不是很好嗎？

做喜歡的事，自然就會變得嫻熟拿手。不論是工作還是興趣，所有事都一樣。比起去做那些得忍耐著、不想做的事，還不如做喜歡的事。

這麼一來，女人馬上會變少女。坦率地照著自己的心意過生活，享受人生比金錢更重要。為了不讓自己後悔，要盡可能享受每一天。

這本書也是我開心地與長谷川惠子小姐，以及幫助我寫稿的百瀨Sinobu先生一起完成的。藉此，我要向他們說Merci（謝謝）！

如果有人問你：「你為什麼要做那件事？」請這麼回答：

因為我喜歡！

朵拉・托賽 Dora Tauzin

Note

國家圖書館出版品預行編目資料

任性與優雅：解密法國女人令全世界憧憬的法式魅力 / 朵拉・托賽(Dora Tauzin)著；楊鈺儀譯.
-- 二版. -- 新北市：世潮出版有限公司，2023.1
面；　公分. --（暢銷精選；89）
譯自：好きなことだけで生きる：フランス人の後悔しない年齢の重ね方
ISBN 978-986-259-078-2（平裝）

1.CST：生活指導　2.CST：女性

177.2　　　111015000

暢銷精選 89

【新裝版】任性與優雅：解密法國女人令全世界憧憬的法式魅力

作　　者／朵拉・托賽 Dora Tauzin
譯　　者／楊鈺儀
總　　編／簡玉芬
封面設計／林芷伊
出 版 者／世潮出版有限公司
地　　址／（231）新北市新店區民生路 19 號 5 樓
電　　話／（02）2218-3277
傳　　真／（02）2218-3239（訂書專線）
劃撥帳號／17528093
戶　　名／世潮出版有限公司　單次郵購總金額未滿 500 元（含），請加 80 元掛號費
世茂網站／www.coolbooks.com.tw
排版製版／辰皓國際出版製作有限公司
印　　刷／傳興彩色印刷有限公司
二版一刷／2023 年 1 月
I S B N／978-986-259-078-2

定　　價／360 元